サラーム海上

MARGINAL FOODIE TOUR

マージナル・フーディー・ツアー

阿佐ヶ谷書院

まえがき

トルコ・エーゲ海のズッキーニの花の前菜、フィンランドのトナカイのタルタル、ノルウェー・オスロの新北欧料理、ポルトガルの蛸雑炊やカメノテにヴィーニョ・ヴェルデ、16世紀のレシピを元にしたオスマン宮廷料理にイスタンブルの炭火焼きケバブ専門店、バリ島の仔豚丸焼きバビ・グリンやコートジボワールのティラピア料理……。

これらは僕、サラーム海上（うながみ）が2019年夏から2023年1月まで、途中コロナ禍による一年半の中断を挟みながらも、世界各国を周って食べ歩いた忘れられない美味いもののごく一部だ。

この本『マージナル・フーディー・ツアー』には、「グルメ旅」と聞いて多くの人が思い浮かべるだろう、フランスやイタリア、香港や台湾、そして日本は出てこない。その代わりにポルトガルやトルコやノルウェーのミシュラン掲載店や、インドネシアやフィンランドやコートジボワールの地元民しか知らない人気店などが多数登場する。文字通り「マージナル＝周辺の、フーディー＝食い倒れ、ツアー＝旅行」の記録である。更に「世界のサウナ首都」タンペレの外気温2度の湖畔サウナ初体験や僕が毎年仕事で通っている世界最大のワールドミュージックの見本市「WOMEX」などにも寄り道する。

ご存知の方もいるだろうが、僕はワールドミュージックの音楽評論家でラジオＤＪだ。音楽を探して世界中を周り、気になる音楽アーティストを見つけ、日本に紹介するのが長年の仕事である。しかしながら人生は不思議なもので、僕が音楽好きなのと同じくらい美味いものが好きで、子供の頃から人一倍食い意地が張っていたためだろうか、近年、音楽取材の合間に現地の人気レストランを訪れたり、料理教室に通ったり、友人宅で奥様の手料理をいただいたりと、世界各国の美味い料理とその背景にある食文化に触れる機会が激増した。そして日本に戻り、雑誌やウェブメディアに料理についての記事を書き、中東料理のレシピ本や各国料理のエッセイ本を出す機会を得た。

こうして世界の美味いもの食べ歩きは、世界の音楽取材と同じく、僕のライフワークとなった。この本は僕の11冊目の著作にして6冊目の料理に関する本である。

MARGINAL FOODIE TOUR

CONTENTS

◎本書に掲載している現地の情報、店や価格などのデータ、通貨レートは、基本著者取材時点のものです。
◎レシピの計量は、大さじ1＝15ml、小さじ1＝5ml、1カップ＝200mlです。現地の材料や料理名は、著者が発音をカタカナに転写した表記です。
◎本書は、双葉社webマガジン『TABILISTA［タビリスタ］』tabilista.com連載『旅とメイハネと音楽と』の記事の一部をもとに加筆修正したものに、新たに書き下ろしを加えて構成しています。

サラーム海上ホームページ
https://www.chez-salam.com

第1章

トルコ／エーゲ海料理

エーゲ海のガーリーな宿で最高の朝食

エーゲ海料理とは？

２０１９年６月、トルコのエーゲ海地方にある人気のビーチリゾートタウン、アラチャトゥを初めて訪れた。

トルコは大きく７つの地域に分けられる。イスタンブル含むマルマラ海沿岸地方、エーゲ海沿岸地方、地中海沿岸地方、中央アナトリア地方、黒海沿岸地方、東アナトリア地方、南東アナトリア地方の７つである。国土の三方を海に囲まれているだけに、７つの区分のうち４つが海にちなんだ名前となっている。

黒海はヨーロッパとアジアの間にある内海で、イスタンブルが位置するマルマラ海を経て、エーゲ海と地中海につながっている。地中海はユーラシア大陸とアフリカ大陸の間にある地中海盆地に位置し、西はモロッコとスペインから、東はレバノンやイスラエルまで、東西に広がる巨大な内海だ。ちなみにトルコ語で地中海は「白い海」を意味するアク・デニズと呼ぶ。雨が多く、空も海も暗い色をした黒海との対比で名付けられたのだろう。そして、エーゲ海はその地中海の一海域で、ギリシャとトルコに挟まれた入り江状の海を指す。エーゲとは古いギリシャ語で「波」を意味し、転じてエーゲ海は「主要な海」との意味を持つ。

地中海料理はイタリア料理やフランス料理、スペイン料理などの長年の健闘により、世界中に広く普及している。日本でも台所にオリーブオイルを置いていない家を探すほうが難しい。それでは、エーゲ海料理とはどんなものだろうか？　イスタンブルにあるエーゲ海料理のメイハネやギリシャ料理店で出される料理を食べた限り、地中海料理との違いが僕にはわからないままだった。中東料理を示す、僕の十八番の言葉を用いれば、どちらも「レモン、にんにく、パセリ、オリーブオイル」をたっぷり用いているのだ。さて地中海料理とエーゲ海料理の違いはなんだろう？

その疑問をイスタンブルの友人ハッカン&アイリン夫婦（ギタープロジェクトTSU!を主宰するJames Hakan Dedeoğluと、フォトグラファーのAylin Güngör）にぶつけたところ、ハッカンから意外な答えが返ってきた。

「どちらの地域もオリーブオイルやトマトを使うけれど、地中海沿岸地方は羊肉料理が中心だよ。

地中海に面したトルコの南部の土地は山がちで、古くから放牧や牧畜が主な産業だった。それに敬虔なイスラーム教徒が多く、魚ではなく肉を食べるのが一般的だったんだ。それに対してエーゲ海沿岸地方を代表する食材は魚介とたくさんの種類のハーブだね。ギリシャ人（キリスト教徒）が多く暮らしていたからね」

なるほど、どちらも海に面した地域だから、そこに暮らす人々は同じように魚介を食べるはずというのは短絡的な考えだったか。地形や気候によって、更に人々の生活や職業、宗教によって好まれる食材は異なるということか。

ではエーゲ海料理を食べ尽くすにはトルコのどこを訪れたら良いだろう？

「アラチャトゥをおすすめするよ。（トルコ第三の都市）イズミルから車で一時間の距離にある街、チェシュメの半島の先にある小さな町で、かつてはギリシャ人が暮らしていたので、今も当時の美しい街並みが残されているんだ。国内でも人気の高い観光地だから、夏は観光客があふれているけれど、その分、人気のレストランも多くて、エーゲ海料理を楽しめるはずだよ。友人のイェトキンを覚えてる？　彼は夏の間はチェシュメの実家に滞在しているから、連絡すると良いよ。自動車で色々案内してくれるはずだよ」

その場でアラチャトゥをインターネット検索すると、「エーゲ海の可愛い町」、「色の魔術師の町」などと、女子ウケのしそうなワードが無数に出てきた。画像検索をかけると、旧市街に白い壁の建物と細い石畳の道が続き、壁沿いに緑の木々が生い茂り、赤やピンクの花が咲き誇り、窓

Booking.com で 10 点満点のヴィラ・タラチャ・アラチャトゥ・ロマンティック・オテル、やけにガーリーでしょう（笑）。

枠は青、路上に並ぶテーブルや椅子、テーブルクロスは黄色や緑、オレンジなどなどなど、鮮やかな色に満ち溢れた写真が次々と画面に現れた。２０１８年夏に訪れたギリシャのサントリーニ島やナクソス島にも負けず劣らず現実離れした町じゃないか！　勢い余ってそのままアラチャトゥの宿情報を調べると、ホテル予約サイトBooking.comでなんと10点満点が付いている宿、Villa Taraça Alaçatı Romantik Otel（ヴィラ・タラチャ・アラチャトゥ・ロマンティック・オテル）を見つけたので、その場で予約を入れ、航空券まで手配してしまった。

アラチャトゥへ

２０１９年6月28日午前9時前、イスタンブル・サビハ・ギョクチェン空港からイズミル空港へは1時間15分のフライトで到着した。イズミル空港からはタクシーを飛ばして西に一時間、午前10時すぎにアラチャトゥの宿ヴィラ・タラチャ・アラチャトゥ・ロマンティック・オテルにスルッと到着した。

宿の名前にある「タラチャ」とは「段々のテラス」という意味で、その名の通り、宿は丘の中腹に沿って段々に建っていた。丘の斜面の一番上には小さなプールとヨガや瞑想のための小さな四阿があり、モザイクで装飾された階段を下ると、3階建てのメインの建物がドーンと構えている。そこから庭の階段を下ると広い芝生とメインのプールがあり、その周りには独立したコテージが数軒、高低差を付けて並んでいた。僕の部屋はメインの建物の一番下の階で、プールと芝生に面していて便利そう。でも、あえて離れのコテージに滞在するのも良さそうだ。

何よりもこの宿はフォトジェニックだ。緑の芝生と赤い花が咲き乱れる庭の間に建つ山吹色の建物、水色のプールと煉瓦色の階段、庭の至るところに古代ギリシャ〜ビザンチン帝国時代の彫刻のレプリカが打ち捨てられたように配置され、その隙間には真っ赤な日傘とカフェテーブルやソファが並べられている。超ガーリーなのだ！

アラチャトゥの旧市街までは徒歩20分弱と観光にはやや不便だが、町やビーチまでは無料の送迎車を用意してくれるし、郊外の高台に位置する分、敷地は広大で、見晴らしも抜群。部屋の設備は三ツ星ホテル程度でシンプルだが、その分、値段もお手頃。

宿の敷地を一通り散策した後、お昼前に旧市街から一番近いウルジャ・ビーチまで行って泳ぎ、午後には旧市街に繰り出した。しかし、日差しが強すぎるせいで、旧市街は閑散としていた。こんな日射病や脱水症状になりそうな暑さでは、誰も歩かないよな。観光は翌日以降に出直すとしよう。

宿に戻り、水分補給した後は、丘の上のプールを独り占めして夕暮れの空を楽しみ、夜は宿から一歩も出ずに過ごした。

トルコNo.1の朝食

翌朝、プールでひと泳ぎして、お腹を空かしてから、朝食のため、メイン建物の二階部分からつながるテラス席に着いた。するとすぐに若いイケメンのウェイターが大きなお盆に無数に小皿をのせて朝食を運んできてくれた。

トルコには豪華な朝食を売りにしている宿が多い。フレッシュサラダ、黒、紫、緑のオリーブ、卵料理、様々な種類のチーズ、パン、数種類の自家製のジャムに蜂蜜、ケーキに旬のフルーツ、ジュースにお茶にコーヒー、そして地元の名物料理など、何から何まで揃っているが、多くのホテルではブッフェ形式で供される。好きなものを望むだけ取れるブッフェは合理的だろうけど、僕はやっぱり一人分ずつサーブしてもらいたい。

ウェイターは赤白のタータンチェックのテーブルクロスの上にカラフルな小皿を一つひとつ丁

野外テラス席のテーブルに一人分の朝食が並んだ！　オヤジ一人なのにやけにガーリーでしょう（笑）。

寧に並べてくれた。まずトースト用の木製カッティングボードの上に、直径約6㎝の丸い小さな薄水色のお椀を3つ並べ、それぞれに緑、黒、紫のオリーブが乗せられている。隣の藍色と白の格子の長方形平皿はカットしたトマトとピーマン、青唐辛子のサラダだ。

長さ20㎝ほどの薄水色のオーバルの平皿にはカシャル・ペイニリ（ハードタイプのチーズ）とベヤズ・ペイニル（白チーズ）のスライスとディル・ペイニリ（ストリングチーズ）、更に干し葡萄と干し杏。約7㎝の八角形の白い器には赤唐辛子粉とともに丸めてオリーブオイルでマリネしたチーズがちょこんと。その隣の直径約8㎝の白の丸平皿には別の種類の白チーズ、同じサイズの薄水色オーバル皿にはアジューカ（パプリカペーストとトマトペーストと胡桃、クミン、フェヌグリークの

朝食を一皿に取り分けて。これは夢の朝食でしょう！

ペースト）だ。

手前の白い長方形の2つ仕切り皿にはカイマック（沸騰した牛乳の膜を集めたクリーム）と蜂の巣がたっぷり。白い無地の長方形平皿の上にはトルコのレース編み物であるオヤが敷かれ、その上にやはり直径約7㎝の丸い小さなお椀を4つ並べ、それぞれに自家製のりんご、人参、カリン、ビーツ、4種類のジャムが盛られている。

銀メッキされた真鍮のオーバルプレートには花形の素焼きの小鉢が3つ並び、イタリアンパセリとザータル（306頁参照）のざくろ果汁濃縮ソース&オリーブオイル和え、塩漬け葡萄の葉のざくろ果汁濃縮ソース&オリーブオイル和え、カッテージチーズとイタリアンパセリとスマック和えという地元のハーブを使った和え物だ。前の2つは僕も初めて見るものだ。

この他、よく冷えたスイカのスライス、自家製のオレンジジュースや冷たい水、淹れたてのチャイが運ばれてきた。

パン類はまず、フランスパン状のエキメッキがカゴにいっぱい。全粒粉のパンは一切れだけ薄くスライスされ、上に発酵バターの切れ端がドーンとのっている。そして、これも初めて見たが、正方形に切ったユフカ（小麦粉の薄い皮状の生地）を三角形に閉じて、油で揚げてある。アツアツのユフカの中には白チーズとパセリ。シガラ・ボレイ（チーズ揚げ春巻き）のバリエーションだろうか。

ここまでで一人前。一つ一つのお皿は小さいのに、これほど種類が多いと広いテーブルが埋まってしまう。これまでトルコ各地で無数の宿に泊まり、自慢の朝食をいただいてきたが、プレゼンテーションからしても、この宿の朝食がナンバーワンかもしれない。

午前中なのに強すぎる日光をなんとか遮断しながら写真撮影をささっと済ませる。そして、いよいよ朝食を口にすると、美味い！　美味すぎる！　野菜サラダもチーズもジャムもアジューカも、地元産、もしくはトルコ南東部からの名産品ではないか！　別に宿のシェフが特別な腕の持ち主というわけではない。近くの青空市場の信用のおける屋台やお店から美味しいものを厳選して買ってきて、毎朝手間を惜しまずに小皿に一人分ずつ盛り付け、並べているだけだろう。なのに、この宿の朝食はなぜこれほど美しく宿と風景に調和しているのだろうか？　Booking.com 10

地産のチーズやハーブやオリーブやジャムの祭り！　中央手前がカイマックと蜂の巣。

点満点に嘘はない！

チャイをちびちび飲みながら、一つ一つの味を噛み締めていると、チャイが全く減っていないのに気がついた。グラスの半分ほどチャイを飲むと、ウェイターがささっと近づき、後ろから淹れたてのチャイを次々と継ぎ足していてくれたのだ。おかげで9時前にテーブルについても、なかなか立ち上がることが出来ず、気づくと正午過ぎまで朝食の席にいた。

これまでトルコには30年にわたり、30回以上も渡航し、のべ一年以上も滞在してきたが、トルコの朝食Ｎｏ・１はこの宿に決定だ！

野外市場巡りとエーゲ海のメゼ

毎週土曜の野外市場

２０１９年６月29日土曜正午、僕はアラチャトゥの宿ヴィラ・タラチャ・アラチャトゥ・ロマンティック・オテルで最高の朝食をいただき、すっかり満足していた。このまま宿にとどまって、午後はプールで泳いで、夜まで敷地から出ずに過ごしてもいいかも？　いや、ダメだ。毎週土曜の朝から午後まで、アラチャトゥ旧市街の路上で野外市場が開かれるのだ。週に一度のチャンスをみすみす逃す訳にいかない！

3時間以上も居座った朝食の席から重い腰を上げ、宿の送迎車に乗せてもらい、野外市場へ向かった。5分ほどで旧市街の南側にあるだだっ広い駐車場で車から降ろされると、目の前には数十の屋台のテントが張り巡らされていた。いいぞ〜！　野外市場ってワクワクするなあ！

だが、眼の前の屋台に並んでいたのは安いTシャツや半ズボン、タンクトップ、ムスリムの女性用の全身を隠す黒服など衣類ばかり。屋台の間の細道を北に進むと、今度はスーツケースや大型鞄など旅行用品の屋台、更にスマホの充電器や電化製品、オヤジが萌える工具類、名物のオリーブ石鹸や化粧品などの日用品の屋台が延々と続いていた。4〜5分歩き進んでみたものの、僕のお目当ての野菜や食材の屋台がちっとも見当たらない。しかも気温は35度以上、市場は行き交う人々の熱気でムンムンで、これ以上歩くと生命の危険が……、もしかしたらここは日用品だけの野外市場なのかも？　いや、そんなはずはない？

「八百屋はどこですか？」屋台の間に建つチャイ屋のアニキに尋ねると「この道の奥」との返事。なるほど、アラチャトゥの旧市街自体は小さいのに、野外市場は意外と大規模らしい。駐車場から10分ほど歩いて、小さなモスクに面した広場を右に折れると、初めて色とりどりの野菜と果物が目に飛び込んできた。これですよ！　僕が観たかったのは！

夢の生鮮食品市場

そこからはしばらく生鮮食品の屋台が続いた。まずトルコに来て一番うれしいのは豊富な果物。

やっと見えてきた野菜市場！　旬のトマトが色鮮やか！

君は見たことあるか、サクランボの壁を？　眩しすぎる！

アメリカンチェリーのように大きなさくらんぼは１kgで２２０円。当然買うでしょう！　イチゴは日本のものよりも種が表面をびっしり覆っているが、切ると中まで真っ赤な品種。日本では高級品の黄桃や洋梨も安いし、スイカやメロンは10kgくらいありそうなほど大きい。

野菜では枝が付いたままの真っ赤な中玉トマトは３kgで２００円。普通のトマトなら２kgで１００円ほど。ズッキーニも旬らしく、細長いものから丸いボール状のもの、花がついたままのもの、または花だけでも売られてる。オクラやサヤインゲンも１kgで３００円前後。日本では雑草扱いのスベリヒユやオカヒジキもエーゲ海料理に欠かせない。イタリア料理などに欠かせないアーティチョークは花とガクを取った芯だけの状態で水にさらして売られていた。

イタリアンパセリやディル、青ネギ、ミントなどエーゲ海らしいハーブ類も売り場の一角を占めていた。そう言えば、毎年4月にはアラチャトゥの旧市街でハーブ・フェスティバルが開催され、国内外から料理関係者が集うとも聞いていた。かなり誇張された数字だが、この地域のハーブは千種類を超えると言われているそうだ。

野菜や果物の屋台通りから右折し、町の中心近くの駐車場に到着すると、冷蔵庫付きのバンを改装したチーズやオリーブの屋台、瓶詰めのジャムや乾燥ハーブの屋台が並んでいた。

僕はトルコを訪れる度にオリーブを数キロまとめ買いし、日本に持ち帰り、冷凍保存している。今回も帰国する日にイスタンブル・カドゥキョイ地区の行きつけの店で買うつもりでいたが、アラチャトゥの屋台ではイスタンブルの⅔くらいの値札が付いていた。取り急ぎ、レモン漬けの緑

オリーブ屋台で3kg買い込む。右上の黒い筋入りのオリーブがウズガラ・ゼイティン。

オリーブ1kg、塩漬けの黒オリーブ1kg、更に、種を抜いて、グリラーで重しをのせて焼くことで、表面にグリラーの焼き筋が付いたウズガラ・ゼイティン（焼き緑オリーブ）を1kg買いこんだ。これはほんの数年前に市場に並び始めたばかりの新開発製品だ。

目にも楽しい屋台は旧市街の中心まで続き、フッと途切れた。買い込んだ荷物が重いし、午後2時の太陽は強すぎるし、もう宿には歩いては戻れない。こんな炎天下に歩いたら熱中症間違いなしだ。目の前にあった観光客向けのカフェで一涼みしてから、日陰の道を選んで目星をつけていたレストランに出向き、その晩のテーブルの予約をした。そして、宿に電話して、旧市街のランドマークとなっている巨大な風車の前まで車で迎えに来てもらった。

国内外の観光客で賑わう夕暮れ時のアラチャトゥ旧市街。

レストラン『Fava』でディナー

午後は宿のプールに飛び込んで、身体と頭を十分に冷やした後、少し日差しが落ちてきた午後7時に再び宿の車に乗って、予約したレストラン『Fava（ファヴァ）』に向かった。昼間は歩いている人が少なかった旧市街も、夕暮れは国内外の観光客で混み合っていた。

『Fava（ファヴァ）』は旧市街の細い通りに面していて、表の小さな入口をくぐると、奥には入口からは想像出来ないほど広い中庭が広がっていた。2～3百人規模の結婚式が出来そうだ。まだ午後7時過ぎ、トルコ人の夕食タイムには早いはずだが、6月下旬の観光ハイシーズンなので、既に⅓のテーブルが埋まっていた。

外国人のお客も多いためか、渡されたメニューには前菜「メゼ」を美しく並べ、上から俯瞰撮影したカラー写真のページがあった。白い長方形のメゼ皿を5列×3行に整列させた写真が見開き2ページにドーンと掲載され、一つ一つのお皿の余白に料理名が記されている。合計30種類のメゼのうち、約⅔は長年のメイハネ（トルコの居酒屋）通いで判別出来たが、残りの⅓は僕も初めて目にするものだった。

野菜のメゼではムハンマラ（焼いた赤パプリカと胡桃のペースト）、ババガヌーシュ（焼き茄子と練胡麻のペースト）、アトム（水切りヨーグルトに赤唐辛子オイルかけ）、ファヴァ（空豆のペースト）、村の焼き茄子サラダ、ジャジュック（水切りヨーグルトとおろしキュウリのペースト）、カバック・チチェイー・ドルマス（ズッキーニの花のご飯づめ）、デニズ・ビョリュルジェスィ・サラタス（アッケシソウやオカヒジキのオリーブオイルマリネ）など。

魚介ならレヴレック・サラタス（スズキのマヨネーズ和え）、塩漬けカツオ、カタクチイワシのスモーク、アフタポット・サラタス（蛸のサラダ）、カリデシ・サラタス（茹で海老のサラダ）、ミディエ・サラタス（茹でムール貝のマヨネーズ和え）などは食べたことがある。

しかし、アタテュルクのメゼ、将軍のペースト、１８５０年のメゼ、アラチャトゥの風など初めて目にした。スーパーお婆ちゃん（!?）に至っては一体どんな味の料理なのか検討もつかない。

そこで前菜はファヴァ、ズッキーニの花のドルマ、蛸のサラダ、そしてアラチャトゥの風を頼むことにした。更にワインはアラチャトゥとイズミルの間にある海沿いのワイナリー「ウルラ」のシャルドネ、更にグリーンサラダ、そしてメインに蛸足の炭火焼きを注文した。

エーゲ海料理のメゼを堪能！

お店の名前にもなっているファヴァとは乾燥空豆を戻してから柔らかく煮たペーストを指す。前年に訪れたギリシャ・サントリーニ島では地元の固有品種の乾燥ガラス豆を使ったペーストを指したが、トルコ語でもアラビア語でもファヴァと言えば、あくまで乾燥空豆のペーストである。空豆は独特の臭みがあり、ひよこ豆から作ったホモスよりも旨味が強いのが特徴。上に振りかけられた紫玉ねぎとディルのみじん切りがまったりしたファヴァの味を引き立たせていた。

カバック・チチェイー・ドルマス、ズッキーニの花のドルマは、ズッキーニの花が旬の短い季節にしか食べられないので、お店で見かけたら必ず注文している。薄い花びらの中にトルコ料理のドルマに用いられるかやくご飯、ディルと乾燥黒スグリと松の実、みじん切りの玉ねぎ、お米が詰められ、オリーブオイルとレモン汁と塩、砂糖を加えたお湯で茹で、最後に冷蔵庫で冷たく冷やしてある。ズッキーニの花びらから出るトロリとした樹液と、きな粉のようにホロホロとした花粉が他のドルマとは一線を画していてなんとも美味い！

蛸のサラダ、以前から蛸に対する異常な愛情、いやオブセッションを持つ僕は避けては通れな

4種のメゼを並べて。左下が店名にもなっているファヴァ(空豆のペースト)。右下がズッキーニの花のご飯づめ。右上がアラチャトゥの風。左上が蛸のサラダ。

い。吸盤が自然に落ちるほど柔らかく下ごしらえした蛸の足をぶつ切りにして、イタリアンパセリ、紫玉ねぎ、青唐辛子、キュウリのピクルスとともにワインビネガーとオリーブオイルでマリネしただけだが、やはりエーゲ海の蛸は美味い！　白い花の香りのシャルドネによくマッチする！

そして謎のメゼ、アラチャトゥの風は、茹でたアーティチョークの芯、青リンゴ、スペアミントのペーストだった。モソモソしたアーティチョークにシャキシャキの青リンゴ、そして爽やかなスペアミント。確かに口の中に風が通るような、風の町アラチャトゥらしい料理だ。これは美味い！　美味すぎる！　自分で作るのも簡単そうだが、日本ではアーティチョークがなかなか安くは手に入らない。試しに菊芋あたりで代用してみようか？

メゼとサラダをゆっくりいただき、8時を過ぎてから、蛸足の炭火焼きが運ばれてきた。蛸を前菜と同じように柔らかく下ごしらえしてから、炭火で焼いて旨味を閉じ込めただけ。そこにマスタードとバルサミコ酢の甘酸っぱいソースと溶かしバター。たったそれだけなのにやはり美味い！　蛸は表面は炭火でカリカリだが、身はスッとナイフが入るほど柔らかい。日本に帰ったら、三崎港まで行って活き蛸を仕入れて、丁寧に下ごしらえしてから、庭で七輪を使って炭火焼きにして再現したいなあ。

食後にお店からのサービスでイチゴをのせたタヒーニのアイスクリームにざくろ果汁濃縮ソースかけとチャイをいただいた。

人気店ファヴァでいただいたトルコのエーゲ海沿岸料理は、イスタンブルの料理よりも野菜やハーブを活かしたものが多く、シンプルでカラフルでギリシャ料理に近い。

お店を出ると午後9時。この時間になってはじめて夕日が沈み、辺りが暗くなり始めた。腹ごなしに宿まで20分歩いて帰るとしよう。

『エンギナレ』でエーゲ海料理教室

地元生まれの姉妹による人気のエーゲ海家庭料理店

２０１９年６月20日日曜。この日はアラチャトゥ旧市街にある家庭料理レストラン『Enginarre（エンギナレ）』でエーゲ海料理を習えることになった。

トルコ語でアーティチョークを意味するエンギナレ。この店は地元生まれの姉妹、ミライさんとミネさんが作るエーゲ海の家庭料理が評判となり、Tripadvisorによるアラチャトゥのレストラン部門で４年連続でナンバーワンに選ばれていた（２０２３年11月現在は第４位）。ミネさんは、僕の友人アイリンの姉で、イズミルに暮らすシェルミンさんの家で家政婦として働いていて、シエルミンさんを通して、二人を紹介してもらったのだ。と言っても、過去にモロッコやギリシャで訪れたような本格的な料理教室が待っているのか、それとも二人が料理を作る様を見せてくれるだけなのか、それとも、お店の仕込みを手伝わされるのか、実際に行ってみないことにはわからない。

外国人観光客にも人気のお店にも関わらず、ミライさんとミネさんは英語が苦手らしく、メッセージは全てトルコ語だった。そこで翻訳アプリを使ってトルコ語で返信し、連絡を取り合っていた。すると19日の夕方になって、翌日の午前10時過ぎにお店に来てくれとメッセージが届いたのだ。

エンギナレは僕たちの宿から丘を下り、石畳の旧市街に入ってすぐの裏通りにあった。眼の前には小さなモスクがあり、野外のテラスに白い木製のテーブルが12脚並び、テラスの上には真っ白な日よけの巨大タープが張られていた。雨が降ることなど全く想定していない造りだ。その奥に小さな一階建ての白い建物があり、入り口をくぐると正面に20㎡ほどのスペースがあり、三方の壁にシンクや作業台やレンジ台があり、中央がテーブルや収納庫を兼ねた作業台となっている。理想的なアイランドキッチンだ。そこでオレンジ色のTシャツに白い前掛けをつけたミライさんが巨大なプラスティックのボウルにパン生地をこねながら、にこやかに迎えてくれた。

「ギュナイドゥン（おはようございます）。アイリンの友達の日本人のサラームです。料理を習いに来ました！」

「ホシュ・ゲルディニズ（ようこそ）。ちょうどパンを作っています。小麦粉と塩と酵母だけです。酵母は私の父が60年前に作ったものを元に今日まで受け継いでいます」

おお、朝一発目から60年前の酵母なんて興味深い！　パン生地はかなりベチョベチョな状態で、お玉一杯分ほどを小さなコンテナに取り分け、冷蔵庫に保存してから、残りをステンレスのボウルに移し、オーブンに入れて発酵させる。こうやって60年間も受け継がれてきた酵母で作るパンはさぞかしエーゲ海のエッセンスが詰まっているはず。

ミライさんは以前は近くの人気レストランの厨房で働いていて、4年前にミネさんと一緒にエンギナレを開いたそうだ。

青ネギを刻む、大量に！

ミライさんの喋りをそのままスマホに聞かせ、グーグル翻訳を使いながら話を伺っていると、ライトグリーンのTシャツに白いエプロン（よく見るとエーゲ海の野菜のイラストがプリントされたお揃いのもので、お店のオリジナルらしい）姿のミネさんが現れた。

「今までシェルミンの家に行ってたんです。彼女がよろしくと言ってましたよ。さあハーブを刻みましょう！」

繊細そうなミライさんに対して、お姉さんのミネさんは明るくて典型的なトルコのおばちゃん

ミネさん（左）とミライさん（右）は大量のハーブを刻むことからスタート！

キャラだ。そんな二人が作業台に並び、半透明のビニール袋から大量の青ネギ、ディル、バジル、スペアミント、そして、にんにくを取り出し、それぞれ刻み始めた。

「エーゲ海料理では大量のハーブを使います。特にパセリとディルは何にでも使います」とミライさん。

彼女はイタリアンパセリを左手でギューとつかめるだけつかみ、親指と人差し指で輪っかを作り、そこからはみ出たパセリの葉を右手に持ったペティナイフで削るように切っていく。切る度にほんの数ミリずつパセリを指の輪っかから押し出し、ジョリジョリと削っていく。スーパーマーケットの中くらいのビニール袋にパンパンに詰まっていたイタリアンパセリがあっと言う間に全て削ぎ切りになった。

ドルマとサルマ調理実習

一方、左側のミネさんは、やはり袋いっぱいの青ネギをザクザクと輪切りにしていく。日本で売られている青ネギなら10袋分くらいを一気に切り分けた。

イタリアンパセリと青ネギと比べると、ディルやスペアミントは少なめ。それぞれ100gほどをみじん切りにする。次に様々なサイズのプラスティックのボウルを7~8個用意して、それぞれに適量ずつ分けていく。日本料理やフランス料理では、ハーブは料理の最後に飾りとしてほんの少しだけパラパラと振りかけるほんの脇役だが、エーゲ海料理ではハーブはもっと主役に近い存在だ。

「イタリアンパセリと青ネギは今から作る料理全てに使います。ディルはドルマ(詰め物)やサルマ(巻き物)に、ミントはサルマとミュジュヴェル(お焼き)に入れます。実はハーブは真夏よりも冬のほうが柔らかくて美味しいんです。真夏は葉っぱが固くなりすぎる。春は雨が多いのですが、毎年4月にアラチャトゥでハーブ・フェスティバルが開催されます。フェス期間中は観光客が多すぎて疲れます」とミネさん。

ここでミライさんが作り始めたのは夏から秋にかけて旬の野菜、ズッキーニの花にハーブやお米を詰め込んで炊いたカバック・チチェイー・ドルマス。僕の大好物だ。

詰めたズッキーニの花を鍋にぎっしり立てて並べ、熱湯をひたひたに注ぎ、オリーブオイル、レモン汁、塩を加えて、二時間煮こむ。

「ズッキーニの花は早朝、咲いた瞬間に収穫するんです。午後になるとしぼんでしまうからです」

お米を6カップ、ボウルに入れ、流水にさらしてよく洗ってから、ザルにあげる。お米はデンプンが少ないものが良いそうだ。大きなボウルに、お米、塩、赤唐辛子、バハラット（クミン、オールスパイス、乾燥バラの花びら、黒胡椒、ナツメグなどパウダー・スパイスのミックス。レバノン料理の7スパイスとほぼ同じもの）、クミンパウダー、黒胡椒、乾燥ミント、みじん切りの玉ねぎ、先程の青ネギ、イタリアンパセリ、スペアミント、ディルを入れ、よく混ぜ合わせ、さらにトマトペーストをカップ1加え、混ぜ合わせる。これでエーゲ海料理のドルマとサルマの基本となる詰め物が出来上がり。

ミネさんがアスマ・ヤプラウー・サルマスを作り始めた。ハーブを混ぜたお米を塩漬け葡萄の葉できっちり細く形良く巻いていく。

ズッキーニの花は乾燥させないように、水をいっぱい入れた別のボウルに一つずつ浮かべておき、左手で一輪を持ち、右手で花びらを開き、中の雌しべに向けて、スプーンにのせた詰め物を詰めていく。詰め込みすぎるとお米が膨らみ破裂してしまうので、7分目くらいまで詰め、花びらの先を交差させて、蓋をしてから、鍋の側面に沿って立てて並べていく。そして、鍋にひたひたまで熱湯を注ぎ、更にレモン汁、オリーブオイル、塩を加え、二時間も弱火で煮る。

「出来上がったカバック・チチェイー・ドルマスは室温に冷ましてからいただきます。翌日のほうが味が沁みて美味しくなります。この季節は一日に35個から40個作って、お店に出しています」

ミライさんがカバック・チチェイー・ドル

巻き上げたアスマ・ヤプラウー・サルマスは斜めに倒した鍋の側面に沿ってびっしり並べていく。

マスを作っている間に、ミネさんは同じお米とハーブの詰め物を塩漬けにした葡萄の葉で巻いて、アスマ・ヤプラウー・サルマスを作り始めた。ほんの少しの量の詰め物を葉の中央に横に線上に並べるように置き、丁寧に細く巻き、まるで細い葉巻のように美しく仕上げていく。この作業はベテランのミネさんでも時間がかかる。ちょうど出勤してきたアルバイトの若い女性もミネさんの横で葡萄の葉を巻き始めたが、ミネさんは出来上がったものを見て、「太すぎる！　端がきれいじゃない！」と厳しくダメ出しをしていた。なるほど。なるべく細く（直径2㎝以下）、巻きタバコのように揃えるのが肝なのか。勉強になりました！

ミライさん、今度は今シーズン初の栗カボチャを使ったオーブン焼きのカバック・シン

カバック・シンコンタは薄切りにした栗かぼちゃと玉ねぎにソースを回しかけて、オーブンで焼く。

コンタ。栗カボチャは皮をむき、種とワタを取り、実の部分を1㎝厚のいちょう切りにして、大きな耐熱皿の上に敷き詰め、塩と乾燥ミントをふりかけておく。次に玉ねぎ4個を薄切りにし、塩でもんでから、カボチャを覆い隠すように置く。ボウルにオリーブオイル1カップ、水4カップ、小麦粉大さじ1、乾燥ミント大さじ1、赤唐辛子粉大さじ1、穀物酢大さじ2、おろしにんにく3かけ分、トマトペースト大さじ1を入れ、よく溶かしてから、カボチャと玉ねぎの上から回しかけ、180度のオーブンで30分焼き、さらに160度で一時間焼いて仕上げる。

アルバイトの女の子とともに120本のサルマを巻き上げたミネさんは、大きな鍋の底に余った塩漬け葡萄の葉を敷き詰め、鍋を斜めに倒して、巻き上げたサルマを鍋の側面に沿って立てるようにびっしり並べていく。なるほど、鍋を水平に置いたままではサルマを垂直に立てられないから、鍋を倒して、並べていくのか！　これも勉強になった。

毎日作り続けているためか、120本のサルマは鍋のサイズにジャストフィットし、隙間もないほどギュウギュウだ。そこにカバック・チチェイー・ドルマスと同じく、熱湯、レモン汁、塩、オリーブオイルをひたひたになるまで注ぎ込んだ。これで後は二時間、弱火で煮込むだけ、と思いきや、最後にエーゲ海の夏らしいひねりがあった。鍋の隙間いっぱいにサワーチェリーを放り込んだのだ。これは美味そうだ！

この他、焼き茄子のサラダやアーティチョークのサラダも習ったが、気づくと既に午後5時。この晩は別のレストランで現地在住の友人イェトキンと再会する予定が入っていた。もう味見している時間もない！　ミライさんとミネさんの料理をいただくのは2日後、アラチャトゥ最後の夜に仕切り直しだ。

エーゲ海ベジ料理の頂点『アスマ・ヤプラウー』

地元在住の友人イェトキンと再会

２０１９年6月20日日曜20時、『エンギナレ』での料理レッスン（という名前のお店の仕込み手伝い）を終えた僕たちは、別のレストラン『Asma Yaprağı（アスマ・ヤプラウー、葡萄の葉）』に到着した。

夕暮れ時のアラチャトゥ旧市街はちょうど原宿の竹下通りのように、大勢の観光客で混み合っていた。しかし一本裏通りに足を踏み込むと、メイン通りの雑踏が嘘のように静か。アスマ・ヤプラウーはそんな裏通りにあった。入り口をくぐると、広いパティオに白いテーブルと水色の椅子が並び、大きないちじくの木が日陰を作り、その三方を白塗りの壁に水色の木枠で飾った平屋が囲んでいた。まさに絵に描いたようなエーゲ海らしい隠れ家レストランだ。

そこでイベントオーガナイザーの友人、イェトキンと再会した。イェトキンとはイスタンブルの友人ハッカン&アイリンを通じて知り合った。２０１８年1月には彼がハッカンたちと一緒に日本に遊びに来たので、毎晩のようにつるんで、下北沢のバーや高井戸のスーパー銭湯にも案内した。２０１9年になり、彼はイスタンブルを離れ、チェシュメ半島にある祖母から相続したリゾートマンションで暮らし始めていた。再会を祝して地元ワイナリー、ウルラの白ワインで乾杯！

「シェレフェー！ アルカダシュ（乾杯！ 友達）。本当にアラチャトゥまで来てくれて嬉しいよ。明日は一日かけて、僕が大好きな場所を案内するから楽しみにしていて。その前にここは僕の一番のお気に入りの店なんだ」

「雰囲気が素晴らしいねえ」

「料理も本当に素晴らしいよ。今は観光シーズンで予約がなかなか取れないから、今日はラッキーさ。注文方法も変わっているんだよ。まず僕たちは今、注文の順番待ちをしているんだ。先に到着したお客さんから順番にキッチンに通されて、そこで目の前に並ぶ料理を見て、注文を決めるんだ。さあ、僕たちの番だよ！」

到着が早かったおかげで僕たちは10分も待たずに右奥の平屋のキッチン兼ディスプレイ場に案内された。そこは一言「天国！」としか形容出来ない場所だった！

12畳ほどのキッチンはエンギナレと同じく、三方の壁が上段が棚で、腰の高さにシンクやコンロ、オーブンなどが設置されていた。そしてキッチンの中央には大きな四角い作業台兼テーブルが陣取っていた。その中央テーブルには17種類のエーゲ海料理が大皿に美しく盛り付けられて並んでいるのだ。お皿の下にはスペーサーをかませて、お皿に高低差を付けて配置されている。そこに並んだ料理は、僕が今までの30回以上のトルコ取材を通じて一度も目にしたことのなかったようなエーゲ海料理ばかりだった！

まぶしすぎるエーゲ海料理の山々

入り口側のテーブルの端の真ん中に一段高く鎮座していたのはハーブとチーズのかき揚げ、またはお焼きにあたる①ミュジュヴェルだ。午前中にエンギナレで、エーゲ海料理の基本は青ネギやイタリアンパセリなどのハーブを大量に刻むことから始まるのを身体で学んだ。このミュジュヴェルはまさにハーブたっぷりのエーゲ海料理だ。しかし、出来るだけ多くの種類の料理を食べたいので、お腹にたまる揚げ物はスキップしよう。

①ミュジュヴェルに続き、②セイヨウイラクサの葉を黒オリーブとともにオリーブオイルで炒めたサラダ。③続いてエーゲ海産の小さくて甘いキュウリとミント、ブルグルのサラダ。

④次はエンギナレのミライさんからも習った栗カボチャのオーブン焼きのカバック・シンコン

キッチンに入るとこんな夢の風景が待ち受けていた！　君ならどれを選ぶ？

タ。⑤アッケシソウとアーティチョークと赤パプリカのオリーブオイル煮。そして、大きなテーブルの中央は⑥スベリヒユとイチゴと胡桃のサラダ。多肉植物のアッケシソウやスベリヒユは日本では雑草扱いされてきたが、最近は有機野菜の専門店や地方の農家直売店や道の駅などで目にする機会が増えた。

⑦続いては茄子の薄切りにチーズやハーブ、カボチャの種などをたっぷりのせたオーブン焼き。⑧ミニトマトのサラダ。そして、アラチャトゥではどのお店でも目にした⑨カバック・チチェイー・ドルマス＝ズッキーニの花のご飯づめも大皿いっぱいに盛り付けられている。

⑩イスタンブルのメイハネでおなじみのサヤインゲンのオリーブオイル煮、ターゼ・ファスリエ。⑪テーブルの一番奥の中央にはズ

ッキーニの花にフレッシュチーズを詰めただけのものが並んでいた。これは注文を受けてから、衣を付けて油で揚げてフリットにする。

⑫その横にはほうれん草と玉ねぎにチーズをのせて焼いたグラタン。時計回りに手前に戻ると、⑬お店の名前にもなっているアスマ・ヤプラウ・サルマス＝ハーブとお米を塩漬けの葡萄の葉で巻いて、オリーブオイルとレモン汁で煮たものだ。これもエンギナレで習ったのと同じく真っ赤なサワーチェリーと一緒に煮込んであり、緑と赤のコントラストが美しい。⑭炒めたほうれん草と胡桃をヨーグルトと混ぜ込んだイスパナック・サラタス。⑮更にエーゲ海のハーブをたっぷり混ぜ込んだブルグルのピラフ。⑯これも初めて見る料理だが、小さなオクラと小さめのサワーチェリーのトマト煮込み。そして最後に⑰ファヴァ＝レンズ豆のペースト。テーブルの上はここまでだが、キッチンの壁の作業台の上に、更に⑱オーブンで焼いた小さな水餃子のマントゥが天パンに入ったまま置かれていた。この他、展示されていないが、肉料理やスープなども作ってくれるそうだ。

とまあ、ここまで一気に説明したが、このときの僕は興奮しすぎて、何を注文すべきかわからなくなってしまった。そこで一旦キッチンから表に出て、深呼吸し、頭の中を整理してから、②、③、④、⑤、⑥、⑪、⑬、⑯、⑱の9品を頼んだ。3人で9品はさすがに多いかもしれないが、基本的に野菜中心なのでなんとかなるだろう。

エーゲ海の野菜料理が次々と！

テーブルに戻り、イェトキンとお互いの近況を話していると、5分ほどでカクテルグラスを大きくして平たくつぶしたような脚付きのガラスの器に盛り付けられた料理が次々と運ばれてきた。器は脚の高さが長短あり、テーブルに並べると高低差が付き、ちょっと変わったプレゼンテーションとなる。注文したエーゲ海料理をすべて自分のお皿に取り分けてから、いただきま〜す！

②はザクサクとした食感のセイヨウイラクサの葉にねっとりと濃い味の黒オリーブが初めての味わい。

③のキュウリはメロンに似た甘みがある。ブルグルとスペアミントを合わせてレモン、オリーブオイルで味付けするだけなので、日本に戻ってから再現してみよう。

④カバック・シンコンタはカボチャが甘くトロトロで、デザートにもなりそうだ。これも秋にバターナッツカボチャが手に入ったら再現しよう。

⑤アッケシソウとアーティチョークのオリーブオイル煮込み。両方とも日本では手に入りにくい野菜なので、アラチャトゥにいるうちにリピートしよう。

⑥そして今回一番気に入ったのがスベリヒユとイチゴと胡桃のサラダ。スベリヒユの多肉質と胡桃の食感の違い、そしてイチゴの濃厚な甘さの組み合わせが最高！　中東料理は果物を使った

④エンギナレで作り方を習ったカボチャのオーブン焼き、カバック・シンコンタ

エーゲ海のメゼが次々とテーブルに運ばれてきた。イェトキンもうれしそう！

料理がやっぱりうまい。しかし、これは日本では再現が難しいかも。というのも、スベリヒユが旬の夏には、イチゴが手に入らないからだ。イチゴの代わりになるフルーツはなんだろう？　色合いは異なるが、キウイフルーツが合うような気がする。

⑬サワーチェリーを使ったアスマ・ヤプラウー・サルマス、そして同じく⑯サワーチェリーと小さなオクラのトマト煮込みもチェリー好きなら大興奮だ。オクラのトロトロの粘りとサワーチェリーの甘酸っぱさがこれまた未知の味わい。

⑱のマントゥは日本の焼売の1/4くらいの大きさで、天パンに縦横に規則正しく並べてから、オーブンで一旦カリカリに焼き、その上に水切りヨーグルトをかけてある。肉たっぷりの焼売や餃子といった風情で、これはちょっとお腹に重かった。

そして最後に出てきたのが⑪熱々の揚げたてズッキーニの花のフリット。中に詰まっているのはカッテージチーズに似たチーズとハーブ。美味しいが、フランス料理のベニエのような分厚い衣が油っぽい。

最後の2品が少し重たかったが、それ以外は僕が普段から言っている「レモン、にんにく、パセリ、オリーブオイル」という中東料理のキーワードにバッチリ当てはまった。しかも肉を使っているのは⑱だけでそれ以外はベジタリアン料理だ。

「そうなんだよ！　僕は肉料理も大好きだけど、この店の料理を食べると、いつベジタリアンになってもいいと思えるんだよね」とイェトキン。

アスマ・ヤプラウーのエーゲ海料理は地元の旬の野菜とフルーツとハーブとオリーブオイルの無限の組み合わせだ。何も難しいテクニックは使ってないのに、どれも本当に美味かった！

お会計を頼むと地元の白とロゼワインのボトルをあけて、これだけ食べて（一部持ち帰り）合計で650TL＝13、000円。全てが観光地プライスのアラチャトゥにおいてかなり良心的なお値段だ。なかなか予約が取れないのは当然だろう。この先、自分の料理に新しいインスピレーションが欲しい時、この店を思い出すことだろう。イェトキンありがとう！

追記：アスマ・ヤプラウーはコロナ禍中に、場所をアラチャトゥ旧市街から、町の郊外へと移転した。新店舗はヴィラ・タラチャ・アラチャトゥ・ロマンティック・オテルから徒歩5分。2022年6月にザ・ハーブズメン一行と再訪すると、お店は広い農園の中にあり、キッチンも広くなり、料理の種類も増え、更に快適になっていた。

⑬これもエンギナレで習ったサワーチェリーを使った葡萄の葉ご飯巻、アスマ・ヤプラウー・サルマス

⑥スベリヒユとイチゴと胡桃のサラダ。今では自宅プランターでスベリヒユ育ててます！

ビーチライフと掘っ立て小屋シーフードレストラン

プライベート・ビーチクラブへ

２０１９年６月21日月曜午前10時半、宿で朝食をすませた僕たちのところに、イェトキンが若い友人のアフメトを連れて現れた。

「ギュナイドゥン（おはよう）。今日は僕が子供の頃から親しんでいるアラチャトゥとチェシュメの名所をいくつか案内するよ。水着とタオルとスマホを持ったら僕の車に乗り込んで！」

アラチャトゥとチェシュメはトルコのアナトリア半島の西部の大都市イズミルからエーゲ海に向けて西に突き出したカラブラン半島と、そこから更に北へと突き出したチェシュメ半島に位置

イェトキンお気に入りの掘っ立て小屋食堂「スタービーチ・バルック・サラシュ」。まさに海沿い！

する。海岸は複雑に入り組み、それぞれの入り江ごとに景色も波の高さも水温も異なるビーチが点在しているそうだ。

僕が初日に一人で訪れたウルジャ・ビーチは幅１㎞にわたって砂浜が広がる公共のビーチだった。この日、イェトキンが最初に案内してくれたのはチェシュメ半島の北西部のアヤヨルギ・ビーチにあるプライベートのビーチクラブ、その名も『Paparazzi（パパラッチ）』！

「物騒な名前だろ？　実際にこの地域はパパラッチの巣窟だったんだよ。アラチャトゥは昔からトルコの芸能人やスポーツ選手、セレブたちが夏の別荘を持っていて、秘密のパーティーなんかを開いていたんだ。そこでパパラッチたちも押し寄せていたんだ」

月曜の午前中のためガラガラの駐車場から

海岸に向かうと、だだっ広い半野外のレストランとBBQスペースがあり、海岸には浮き式の埠頭が突き出していて、その上に数十台のソファベッドとパラソルが並んでいた。先客の家族連れは一番海に突き出した場所のソファベッドを占拠し、若い男女カップルはお昼前にも関わらずビールやワインを飲みながらスマホをいじっていた。BGMには小さめの音量でトルコのポップスが流れている。なるほど、ここなら荷物も置きっぱなしでも安心だし、一日中でもゆったり滞在出来そうだ。

「アラチャトゥでは公共のビーチよりも、ファシリティやセキュリティがしっかりしたプライベートのビーチクラブを利用する人が多いんだよ。小さな湾ごとに別のビーチクラブがあって、それぞれ客層も違うんだ。この店はアヤヨルギでは最も古くからあって、年齢層は高め、週末はとても混雑している。今日は月曜なので人が少ないのはうれしいけれど、週末の直後なので水があまり澄んでいないね……」

真ん中のソファベッド四つに陣取り、パラソルで日陰を確保してから海を見ると、色こそ明るいスカイブルーだが、確かに透明度は低い。スマホをソファベッドに置き、シャツを脱いで頭から海に飛び込むと、水温は高めだ。波もほとんどないので、プカプカと浮かんでいるのがちょうど良い。日本から持ってきた大型の浮き輪を膨らませると、アフメトがそれに乗って海に浮かんで、隣のビーチクラブまで漂っていった。

「隣のビーチクラブは若者に人気で、週末にはDJパーティーも盛んだよ。僕も若い頃は週末になるとビーチクラブをホッピングしたものだよ」とイェトキン。

よく冷えたロゼワインを2本開け、のんびりした時間を過ごしているといつの間にか午後3時半になっていた。

「次は地元の人間にしか知られていない隠れた野外温水プールに案内するよ。その前に見晴らしの良い所をゆっくりドライブしようか」

知る人ぞ知るインフィニティ温水プール

車に戻り、チェシュメ半島の最北端サクズルキョイに向かう。海の正面には半径100mほどの小さな無人島と、その奥に大きな島が見える。たったの7㎞しか離れていないが、そこはトルコではなくギリシャの島。古代ギリシャの詩人ホメロスが生まれたことで知られるキオス島だ。

再び車に乗り込み、今度はエーゲ海を左に見ながらアラチャトゥまで戻り、ウルジャ・ビーチを東に進むと、北に伸びる小さな半島が見えてきた。国立のタナイ自然公園だ。そこからは未舗装の道を進むと、砂浜に面した森の中にバンガローやキャンプ場があり、その更に奥に目的地『Aquante Warmpool（アクアンテ温水プール）』が見えてきた。

車から降りると、目の前は岩場の海辺となっていて、その陸地側に長さ25mほどのプールがあり、その両サイドには白いソファベッドが並んでいる。奥にはドリンクバーとDJブースが並び、大音量でディスクロージャーなど、今時のイギリスのハウスミュージックが流れていた。月曜の午後でお客は十数人しかいない。ここは良さそうだ！

「ここは知る人ぞ知る場所なんだ。水は海水で、しかも天然の温水なんだよ。要はトルコの温泉だよ！　僕は日本人をここに連れてきたかったんだよ！」

２０１８年の1月、初めて東京を訪れたイェトキンを、僕は高井戸にある温泉『美しの湯』に案内した。真冬の都心で露天風呂に浸かったことで、彼はすっかり日本の温泉が気に入り、その後も一人で美しの湯を再訪したほどだった。

プールに入ると、水温は35℃くらいあり、温水プールと言うよりも本当に温泉気分だ。これならいつまででもお湯に浸かっていられるし、のぼせてきたら、目の前の海に飛び込んで身体を冷やせば良い。昼間のパパラッチも悪くなかったが、また来るならアクアンテ温水プールだなあ。

6時半を過ぎると日が傾き始め、涼しい風が吹き始めた。そろそろ夕飯へと向かおう！

ビーチのオンボロシーフードレストラン

イェトキンが案内してくれたのはウルジャ・ビーチの西外れの海に面した掘っ立て小屋の食堂、その名も『Starbeach Balıkçı Salaş（スタービーチ・バルック・サラシュ）』だった。

「アラチャトゥでシーフードを食べるならこの店が一番だよ。見た目こそオンボロだけど、新鮮

鮮魚ショーケースには鯛と鱸、バルブン（ヒメジ）とタイガー海老が！

なシーフードは保証するよ。

まずは掘っ立て小屋の入り口にある大きな鮮魚ショーケースを見せてもらった。並んでいた大型の魚は鯛と鱸《すずき》、小型の魚はバルブンというヒメジの種類。3種ともトルコらしい食材だ。更にタイガー海老は6尾ずつ竹串に刺されて並べられていた。僕は大好物のバルブンのフライを頼んだ。

隣のショーケースには全部で12種類のメゼが平たいステンレスの料理バットに入って並んでいた。魚介系では鰹の塩漬け、蛸足やイカゲソのオリーブオイル漬け、ムール貝とディルのマヨネーズ和え。野菜ではビーツのサラダ、アッケシソウやさやいんげんのオリーブオイル漬け、焼き茄子のヨーグルト和えの「パトゥルジャン・サラタス」、トマトと唐辛子のペーストの「アジュル・エズメスィ」、その他、葡萄の葉の詰め物の「アスマ・ヤプラウー・サルマス」などである。そこからメゼ四種類とグリーンサラダを頼み、あとはイエトキンに任せよう。

海からほんの1mの距離のテーブルに陣取り、地酒「ラク」で乾杯する。BGMは風の町アラチャトゥらしい海風の音と波の音、そしてお店が放し飼いにしているアヒルの群れが夕食の魚を求めて海から発する「ガーガー」という鳴き声だけ。夜8時を過ぎ、夕日が沈む頃、ウェイターがメゼとサラダを運んできた。

一皿目は「シーフード・サラダ」。ボイルした蛸、烏賊、ムール貝、海老をレモン汁とオリーブオイルでマリネして、たっぷりイタリアンパセリをかけてある。ムール貝も海老も新鮮で美味い！もう一品のシーフードのメゼは「ミディエ・サラタス」。茹でたムール貝をマヨネーズとたっぷりのディルと和えたもの。ムール貝の泥臭さをディルがしゃっきりと消している。これは日本に帰ったら再現しよう。

野菜系は日本のトルコ料理店でもおなじみのアジュル・エズメスィとパトゥルジャン・サラタス、そして季節のサラダである「メヴスィム・サラタス」を頼んだ。アジュル・エズメスィは塩気が強く、唐辛子も効いていて、メゼというより魚のソースとしても合いそうだ。メヴスィム・サラタスはトマトやキュウリの味が濃いし、多分地元産のオリーブオイルも濃厚だ。日本のトマトで作ってもこんな濃い味にはなかなかならないなあ。

ラクのボトルが一本空になる頃、運ばれてきたのは蛸足のガーリック&発酵バター焼きの「ア

左下から反時計回りにパトゥルジャン・サラタス、ミディエ・サラタス、アジュル・エズメスィ、シーフードサラダ、中央上がグリーンサラダ。

見事な蛸足の発酵バター焼き。一瞬で食べ終えました！

フタポト・ウズガラ」。蛸足は丁寧に下ごしらえされていて、テーブルナイフで簡単に切れるほど柔らかく、そして、発酵バターとガーリックだけのシンプルな味付けが美味い！　美味すぎる！　もちろん一瞬で食べ終えてしまった！

温かい料理の二皿目は小烏賊のフライ、「カラマリ・タヴァ」。

「小烏賊はチェシュメの名物なんだ。食べずに帰さないよ！」とイェトキン。

少々粉を振って軽くフライにした小烏賊、やっぱり柔らかくて旨味もたっぷり！

辺りがすっかり暗くなる頃、僕の好物の「バルブン・タヴァ」、ヒメジのフライがたっぷり500g運ばれてきた。小さなヒメジのフライは骨ごと食べられる。レモンを搾って、ルッコラの葉と一緒に一口で食べるのが最高だ。

「アラチャトゥには観光客向けの高級レストランが沢山あるけど、海を見ながら食べられるこの店も悪くないだろ？　ところでアラチャトゥで良い思い出が出来たかな？　いつでも大歓迎だから来年にでもまた帰って来いよ」

ありがとう、イェトキン。おかげで一見様では絶対たどり着けないような場所をいくつも訪れることが出来た。君もまた日本にもいつでも帰って来いよ！

【追記】スタービーチ・バルック・サラシュはコロナ禍中に閉店した様子。しかし、ウルジャ・ビーチにはよく似たシーフードレストランがいくつも並んでいる。

ウルラのワイナリー訪問と『エンギナレ』

港町ウルラの新進ワイナリー

２０１９年６月22日火曜、アラチャトゥ滞在５日目。今回アラチャトゥに到着してから知ったのだが、イズミルとアラチャトゥの間にあるウルラという小さな港町に近年になって新たなワイナリーが８軒ほど設立され、トルコ人観光客の間で人気となっていた。

僕たちもウルラ産のワインをいくつか飲んでみた。その中で『Urla Winery（ウルラ・ワイナリー）』と『Usca Winery（ウスジャ・ワイナリー）』のワインが気に入った。そこでこの日はタクシーをチャーターして、その二軒のワイナリーを訪れることにした。

調べると、ウルラは紀元前一千年頃にエーゲ海に面した湾に集落が出来、紀元前8百年頃にはイオニア同盟の町、クラゾメナイとして栄えた歴史ある町だった。その後、紀元前383年にペルシャ帝国に併合され、後に古代ギリシャやローマ、中世にはビザンチンを経て、セルジュクとオスマンの両イスラーム帝国の支配下に置かれ、ヴォウルラと呼ばれるようになった。現代ではウルラと改名され、大都市イズミルの郊外にある風光明媚な港町として知られている。

この町とワインの関係は紀元前まで遡れる。歴史を通じてウルラはワインの港とされてきた。しかし、現在のトルコはイスラーム教色の強い政権のため、ワインやその他のアルコール産業は政府によって厳重に管理されている。2013年には新たな法律により、お酒の広告が全面的に禁止となったくらいだ。一方で、世界的な葡萄品種を取り入れたり、トルコの古い葡萄品種を復興して、新たなワインを造ることは、国際的な観光客を招き入れ、町の新たなブランディングを高めることにもつながる。近年は年間、約8万人の観光客がウルラを訪れ、ワインと美食を楽しんでいるという。

タクシーを飛ばしてウルラのワイナリーへ

アラチャトゥの宿からイズミルへと向かう高速道路に乗り、40分ほどでウルラに到着した。そこで高速を降り、葡萄畑が続く丘陵沿いの細い道をくねくねと10分ほど進むと、広大な敷地のウルラ・ワイナリーが見えてきた。

タクシーを降りると、真夏のエーゲ海の太陽がジリジリと暑く肌を刺してくる。目の前には巨大な横長の白いコンクリートの建物があり、その奥にワイン畑がハート型に広がっていた。平屋の建物には左側に事務所と売店、右側にワイナリー、そして客室が二部屋だけの高級B＆Bが入っているそう。写真を撮っていると、二匹の白い大型犬が舌を出しながら近づいてきた。

建物に入り、冷房がよく効いた売店で四種類のワインをテイスティング。まずウルラ・ワイナリーのハート型の葡萄畑がエチケットに描かれた「ウルラ・シャルドネ」。これは三日前に「ファヴァ」で飲んだもので、レモンや白い花の香りがする爽やかな白。

続いてロゼの「ウルラ・セレンディアス・ロゼ」。カレスィク・カラスーというトルコ特有の葡萄を使い、クランベリージュースのような濃いピンク色で、ベリー系の香り。

3本目の高級感あふれる黒と金のエチケットのボトルは「ウルラ・ネロ・ダヴォラ＆ウルラ・カラスー」。シチリアの黒い葡萄ネロ・ダヴォラと地元の黒い葡萄ウルラ・カラスーのブレンドで濃いマゼンタ色。チョコレートとバニラの香りが特徴のフルボディー。真夏に飲むものではないけれど、これは美味い！　帰国後にワインアプリで調べると4・1点と結構な高得点が付いていた。

そして四本目は「ウルラ・シンポジウム・セミドライ」。これも地元原産の古い葡萄種ボルノワ・マスカットを使った爽やかな甘さのデザートワインだ。ここまで4本テイスティングして、ロ

ウルラの集落を離れた丘陵地帯にあるウルラ・ワイナリー。こんな場所で数日ワインだけ飲んで過ごしたい！

４本をテイスティングし、３本を買った。以前、イスラエルのワイナリーで飲みすぎて倒れたので、今では一口舐めるだけにしてます！

ゼを除いた3本をお土産に買った。

タクシーに戻り、葡萄畑が延々と続く丘陵の道を10分ほど登り、今度はウスジャ・ワイナリーへ。こちらは閉店間際だったようで、誰も先客がおらず、呼び鈴を押して、店員を呼び出し、施錠されていた売店を開いてもらった。ロゼ、白、赤二本をテイスティングし、軽くてイチゴを感じるロゼと、ヴィオニエ種をフランスのオーク樽で寝かせた複雑な味の白を一本ずつ買った。

エンギナレ・レストランを再訪

さて、ウルラには地産地消の食材だけを使った高級レストランもあるが、それはまたの機会にして、この晩は二日前に一日かけて料理を習った、と言うか、お店の仕込みを手伝わされた家庭料理レストラン「エンギナレ」でのディナーを予約しておいた。

タクシーを飛ばして宿に戻り、夕暮れにプールでひと泳ぎして身体を冷やしてから、午後7時半にアラチャトゥ旧市街まで宿の車で運んでもらった。

観光客で賑わう旧市街の石畳の道を歩き、夜8時前に町外れにあるエンギナレに到着すると、テラス席は既に⅓ほど埋まっていた。席に腰掛けると、店主のミライさんとミネさん姉妹がニコニコしながら顔を出してくれた。

「イイ・ギュンレル（こんばんは）。アラチャトゥを楽しめましたか?」とミネさん。

2日ぶりにミライさん（左）と再会。キッチンのテーブルの上には16種類のエーゲ海前菜が並ぶ！　2日前に食べそこねたエンギナレの料理をやっと食べられる！

「ええ、もちろんです。今日はウルラの町でウルラとウスジャのワイナリーに行ってきました」

「それは良かった。今日はお客さんが多いから、ちょっと時間がかかりますよ」

この店も、二日前にイェトキンとともに訪れた店『アスマ・ヤプラウー』と同様の注文方法だ。お客は一組ずつ順番にキッチンに通され、目の前に並ぶ今日の料理を選ぶのだ。

3組の先客に続き、僕たちの順番がやっと回ってきた。清潔な白いキッチンの中央のテーブルの上には16種類の今日の料理が！

①ドマテス・サラタス（トマトとピーマンのサラダ）、②エンギナル・サラタス（アーティチョークのサラダ）、③パトゥルジャン・サラタス（焼き茄子とヨーグルトのサラダ）、④イスパナク・サラタス（ほうれん草とヨーグ

ルトのサラダ）、⑤デニズ・ボルルジェスィ・サラタスィ（アッケシソウのサラダ）、⑦アトム（水切りヨーグルトの赤唐辛子オイルかけ）⑦さやいんげんのトマト煮込み、⑧ファヴァ（レンズ豆のペースト）、⑨シャルガムル・ブルグル・ピラウ（黒人参と赤唐辛子の発酵飲料で炊いたピラフ）、⑩ムジュヴェル（ズッキーニと白チーズのお焼き）⑪カバック・シンコンタ（かぼちゃのオーブン焼き、84頁レシピ参照）、⑫カルシュク・オトゥ・カヴルマ（フダンソウとほうれん草、ディルのトマト煮）、⑬ヤプラク・サルマス（葡萄の葉のご飯巻）、⑭ズッキーニの花のご飯詰め。情けないことに、残り二品がなんだったか、ついメモし忘れていたのをお許し下さい！

「これら以外に、メインディッシュのオススメはアフタポト・ウズガラ（蛸のグリル）とサチ・カヴルマ（牛肉と野菜の鉄鍋煮込み）です」とミライさん。

「では②⑨⑫とオススメの2品を下さい」

「良いチョイスよ！」

ミライさんとミネさん姉妹のエーゲ海料理を堪能

アナトリア地方の白ワインで乾杯していると、ミネさんが前菜3品を運んできてくれた。

まずは②のエンギナル・サラタス。アーティチョークを塩とレモン汁とオリーブオイルを足したお湯で柔らかく茹でてから冷ましたサラダ。前々日に習ったとおり、大量のディルと青ネギの

この鮮やかな紫色はシャルガムで炊いたブルグル・ピラウ。シャルガムはさすがに新大久保のハラルフード店でも売ってない！

みじん切りが和えてある。これぞエーゲ海料理だ。

⑨のシャルガムル・ブルグル・ピラウ。シャルガムは黒人参を塩と赤唐辛子などと漬け込み、乳酸発酵させたドリンクで、不透明な紫色をしている。味は塩辛く、酸っぱ辛い。トルコのキオスクやコンビニでは冷蔵庫の中にジュースと並んで置かれているので、まさか辛くて酸っぱくて塩っぱいものとは知らず、初めて飲んだ時は衝撃を受けた。しかし、発酵飲料なので癖になり、見かけるとついつい飲んでしまう。そんなシャルガムでブルグルを炊くので仕上がりは紫色になる。そこにキュウリのピクルスや大量のハーブを和えてある。日本ではシャルガムが手に入らないため、この料理の再現は不可能だ。現地だけの味としてしっかり舌に覚えて帰るしかない。

そして⑫のカルシュクク・オトゥ・カヴルマはフダンソウとほうれん草、ディルをトマトペーストで煮込み、室温に冷ましたのち、水切りヨーグルトをたっぷりのせてある。これは日本でも簡単に作れる。

前菜を食べ終わり、辺りが暗くなる頃、メインのアフタポト・ウズガラが運ばれてきた。やわらかく下拵えした蛸の足をぶつ切りにして、オリーブオイルとともに耐熱皿にのせ、オーブンで無造作に焼いてあるだけ。蛸料理は毎食食べても飽きないなあ。

そして、もうひとつのメインディッシュのサチ・カヴルマは今回のアラチャトゥ滞在中、初めての牛肉料理だ。牛肉を食べやすい大きさに切り、トマトと玉ねぎと一緒にサチと呼ばれる両手持ちの小型フライパンで炒め煮込みにしたもの。シンプルだが、牛肉が柔らかく煮込まれ、ケキッキ（タイムの亜種。詳しくは306頁参照）で風味を付けてある。しかし、連日の食べすぎで既にお腹いっぱいだ。とてもじゃないけどデザートまでは辿り着けそうにない。ミライさん、ミネさん、続きはまた次回！

「また来年、料理を習いに来なさいよ。アラチャトゥで待ってるから！」とミネさん。

「ええ、お二人のおかげでエーゲ海料理を大好きになりました。近いうちに帰ってきます！」

夜がふけないうちに夜道を歩いて宿に戻ろう。さあ、翌日は5泊したアラチャトゥを出て、友人たちが待つイスタンブルに戻るのだ！

『ネオローカル』ファインダイニングとワインペアリング

友人マクスットはカリスマシェフだった！

２０１９年７月５日、午前中のフライトでアラチャトゥからイスタンブルへと戻った。この晩は友人のシェフ、Maksut Askar（マクスット・アスカル）から彼のレストラン、『Neolokal（ネオローカル）』へと招待されていた。

同年３月、マクスットは日本最大の料理見本市『FOODEX』でのトルコ食材ワークショップと、トルコ大使館主催のパーティーでの調理を任され、仲間のシェフのユルマズを連れて、初めて東京を訪れた。僕は友人のハッカンから彼らを紹介され、築地場外市場や豊洲市場、合羽橋商店街、

2019 年 3 月、築地場外市場で卵焼きを味見するマクスット（左）とユルマズ（右）

西荻窪のお好み焼き屋や新宿の日本酒居酒屋やラーメン屋を案内し、10日間、毎晩のように飲み歩いた。その最終日に開かれたトルコ大使館でのレセプションパーティーで、マクスットには「次回イスタンブルに来る時は僕の店に招待するから、必ず連絡くれよ」と言われていたのだ。

お昼前にアジア側の町、カドゥキョイにあるハッカンの家に到着し、一休みした後、夕方にフェリーに乗ってヨーロッパ側、イスタンブル新市街のカラキョイ埠頭に渡った。マクスットがオーナーシェフを務める店ネオローカルは、その埠頭から新市街ガラタ地区へ向かう坂の途中、現在のベイオウル地区にあり、19世紀に銀行として建てられた巨大な白亜の建物の中に入っていた。

ネオローカルはこの年、イギリスのレスト

ネオローカルのダイニングルーム。正面に金角湾と旧市街が一望できるのだ！

ランランキングサイト、The World's 50 Restaurants.comでなんと世界110位に選出されていた。トルコのレストランとしては堂々の第2位である。ちなみにその年は110位までに日本のレストランは9軒がランクインしていたので、日本の第10位クラスのお店と考えていいだろう。10日間、東京で一緒に飲み歩いたマクスットはそんなにすごいシェフだったのか！

さて夜8時、いかにも歴史がありそうな大理石の階段を登ると、手前がガラス張りのダイニングルーム、奥が屋上の広いテラスになっていて、ベイオウル地区に密集する中層階の建物の隙間からカラキョイの埠頭、更に金角湾とガラタ橋、その向こうに旧市街が見渡せる最高のロケーションだった。

そんなテラス席に案内され、メニューを開

美しい「庭のサラダ」。ケール、ほうれん草、さくらんぼ、エディブルフラワーにズッキーニの天ぷら。

いていると、髭面のマクスットが満面の笑みを浮かべながら現れた。

「また会えてうれしいよ！　今夜は僕の料理を食べ尽くしてもらうよ。僕の料理を通じてトルコを旅してもらえるように」

テイスティングメニューとワインペアリング

テイスティングメニューは冷たいメゼ（前菜）、魚介のメゼ、温かいメゼとパスタ、メイン、デザートのカテゴリーからなる5つのコースだが、一つ一つのカテゴリーが3つの料理から出来上がっている。その上、前菜の更なるスターターとして、限定メニューの「庭のサラダ」まで含むとなんと全部で16皿。マクスットシェフによるトルコの食の旅、最後まで続けられるかな？

最初は「庭のサラダ」。フレッシュなケール、ほうれん草、黄色いさくらんぼ、スベリヒユ、エディブルフラワーのサラダに、ズッキーニは衣を付けて油で揚げて日本の天ぷらにしてあった。最初から天ぷらが出てくるとは、僕の東京案内が少しは役立っているんじゃないか！　ドレッシングはにんにくとヨーグルトをあわせたタラトルソース。

ペアリングのワインはもちろんトルコ産。ワインの歴史をたどると、ワインは紀元前8000年頃にはトルコの隣国のジョージアやアルメニアで、紀元前5000年頃にはアナトリア（トルコ）や現在のイラクにあたるメソポタミアで飲まれていた。アナトリアからコーカサス地域にかけてはワインの故郷とされ、今も500～600種類以上の葡萄の種類が存在すると言う。ワインリストにはナーリンジェ、ハサン・デデ、エミール、スルターニエ、ヤプンジャク、ミスケットというトルコ原産の葡萄種のワインが載っていた。それらの中から、庭のサラダに合わせてもらったのはアナトリア中部のクルッカレという町で作られたハサン・デデ種の白ワイン。青りんごのような味わいはカラフルなサラダにピッタリだ。

冷たいメゼとトラキア地方のナチュラルワイン

トルコの夏は日が長いと言え、さすがに午後9時を回ると日が暮れてきた。そこに冷たいメゼ

3品が運ばれてきた。一つ目は「6つのトマト」。マクスットがニューヨークやギリシャ、トリノなどを訪れた時に手にいれた異なった種類のトマトを元にしたサラダ。前年にサントリーニ島のレストランでも似たコンセプトのトマトサラダをいただいたが、トマトは土地が変わると味も色も甘さも大きさも異なり、それを数種類並べるだけで素晴らしいサラダになる。

スライスされたトマトにはチーズや7種類のオリーブ。更に振りかけたザータル（タイムやセボリーの亜種。詳しくは298頁参照）のハーブミックスも、乾燥ザータルにメロンとスイカの種、ピスタチオ、フェヌグリークなどをミックスした特製のものだ。右手にはベーグルの先祖と呼ばれるごま付きプレッツェルのスィミット、左側の赤いペーストはマクスットの故郷、シリアの国境に近い地中海に面した町イスケンデルンの定番料理で、赤パプリカを焼いて胡桃やニンニクとともにペーストにしたムハンマラ。トマトサラダとオリーブとチーズとスィミットとムハンマラが並ぶこの一皿はトルコの朝食を模しているのだそう。

冷たいメゼの二つ目は「坊さんの気絶」。最近では日本の料理サイトでも名前を見かけるようになった揚げ茄子のトロトロ煮込みである。しかし、マクスットのバージョンは主役の茄子とトマトの姿が見当たらないのだ。その代わりに薄いパンの上にまるで生ウニのような薄いオレンジ色のクリームがたっぷりのり、刻み海苔のような黒い物体がパラパラと振りかけられている。見た目は生ウニの寿司のようだ。スプーンで口に運ぶと、なんと坊さんの気絶の味がする！　薄いオレンジ色のクリームは揚げ茄子とトマトなどを元にした「坊さんの気絶のエッセンス」。黒い海苔

冷たいメゼの二つ目は「坊さんの気絶」ただし脱構築版！　日本でも少しずつ知られてきたトルコ料理だが、イスタンブルのレストランではこんなに先を行っているのだ！

のようなものは焼き茄子の皮を乾燥させて刻んだ、いわば「茄子の刻み海苔」だった。見た目は全くの別のものだが、味は確かに坊さんの気絶。これは「脱構築：坊さんの気絶」と呼びたい！　すばらしい！

冷たいメゼの3品目は「アーティチョークの蒸し煮」。アーティチョークのオリーブオイル煮は居酒屋メイハネの定番メゼである。通常はゴロンとした素材そのままの形でオリーブオイルで煮込む。しかし、ここでは一口サイズに切り分けられ、お皿の上でセロリと赤パプリカのピクルスをアクセントにモザイク状に美しく配置され、その隙間にピュレにした人参とじゃがいもの煮込みをちょこんと盛り付けてある。緑色のソースはパセリオイル。ホッコリとしたアーティチョークは居酒屋メニューから味を損なうことなく、見た目をスタイリッシュに現代的に作り変えているのだ！　これも技あり一本！

冷たいメゼにペアリングされたのは日本でも流行しているオレンジワインだった。ブルガリアの国境に近いトラキア地方の町、クルクラーレリの「Chamlija（チャムリジャ）」という自然派ワイナリーで造られた、地元の葡萄、ナーリンジェ種を使ったオレンジワイン。ノンフィルターのため濃いオレンジ色に少し濁りがあり、微発泡。洋梨の香りの後、舌の上でバニラのような、さつま芋のような甘い味がある。これはどんなメゼにも合うはず。日本に持ち帰りたい！

魚介のメゼとエーゲ海のオレンジワイン

続いて魚介のメゼの三品。まずはトルコではおやつの時間にいただくパイ「ス・ボレーイ」。通常はチーズやほうれん草やひき肉を詰めるが、ここではバターで炒めた海老、チーズ、パセリが具となっている。また、ユフカと呼ばれる薄い小麦粉の皮で包む代わりに、更に薄いお菓子用のパートフィロで具を上下に挟み、表面には海老の殻を砕いた粉を溶かしたバターが塗られている。口に入れると、パートフィロがパリパリと砕け、中にはトロトロのチーズに包まれた海老だ。一口サイズの海老小宇宙だ！

魚介のメゼの二品目は「鱒《ます》」。これもまたエディブルフラワーを使った美しい見た目だ。軽くスモークした黒海産の鱒のフィレにカニの身、リンゴのピクルス、パセリ、ケッパーの葉、エディ

魚介のメゼの二品目「鱒」。軽くスモークした黒海産の鱒のフィレにハーブなどを散らし、緑色の液体はハーブオイル。鱒の下には黒人参の乳酸発酵飲料シャルガムで炊いたブルグルのピラフが敷かれていた。シャルガム、日本で手に入らないかなあ？

ブルフラワーを散らし、鱒の下には濃い赤紫色に染まったブルグルのピラフが敷いてある。これは黒人参の発酵飲料シャルガムで炊いたものだ。前夜にアラチャトゥのレストラン「エンギナレ」で同じものを食べたばかりだった。蛋白な白身魚にピクルスやシャルガムなどの酸っぱいものの組み合わせも絶妙！

魚介のメゼの三品目は「鱸のマリネ」。鱸もメイハネで定番の魚である。通常はマスタードを効かせた、辛くて甘酸っぱいマリネ液に漬け込むが、ここではマリネ自体は薄味で、生やドライのミント、ディル、マジョラム、タラゴン、パセリ、バジル、紫バジル、チャイブなど、11種類のハーブが肝となっていた。

そして魚介のメゼのためのワインは、エーゲ海の大都市イズミル近郊にある人気ワイナリー「Paşaeli（パシャエリ）」の「カブーウンダ・チャカル」。これもオレンジワインだった。チャカルウズメという葡萄種で、チャカルとはトルコ語でジャッカルのこと。他の葡萄よりも早い時期に熟し、山から下ってきたジャッカルが好んで食べるため、こんな名前が付けられたそうだ。タンニンが強めで、魚介に合う。ウェイターにどこで買えるのか尋ねると、なんと300本だけの限定生産とのこと。そんなレアなワインをさくっと差し込むなんて本当に贅沢なメニューだ！

ローカル品種の赤ワインと温菜

続いて、この晩のテイスティングメニューの3コース目、三品から成る温かい料理に合わせるのは再びチャムリジャ・ワイナリーから、今度はパパス・カラスー種という葡萄を使った赤ワイン。パパス・カラスーとは「ローマ法王の黒」という意味で、キリスト教徒が多く暮らすトラキア地方の町クルクラーレリらしい名前だ。色は濃いビロード色で香りはストロベリーやラズベリー、そして胡椒や木の皮の味。さてこのフレッシュな赤ワインにはどんな料理が運ばれてくるのかな？

温かい前菜とパスタの一品目は「ラムの心臓のココレッチ」。ココレッチは「トルコのホルモン焼き」と呼ばれる庶民的なファストフード。羊の小腸を丁寧に洗い、スパイスや塩を漬け込んでから金属の棒にコイル状にグルグルと巻き付け、それを専用の特別な火鉢で水平にぶら下げて回

「蛸のエリシテ」。蛸のラグーをパスタに絡め、上にすりおろした胡桃をたっぷりふりかけている。美味い！

しながら、炭火の遠火でじっくりとあぶる。焦げた所から切り落とし、トマトや青唐辛子とともに小さく刻んで炒め煮にし、プルビベール（赤唐辛子フレーク）やケキッキを振って、パンに挟んでいただく。小腸を焼くため、独特の匂いがあり、町を歩いていると遠くからもココレッチ屋の存在がしれてしまうほどだ。そんな庶民のファストフードのネオローカル版は、小腸の代わりにラムの心臓＝ハツを使うことで、内臓臭さを残しつつもマイルドに仕上げていた。羊の血の味に青いトマトのみじん切りが清涼感を与えている。

続いては「蛸のエリシテ」。エリシテとはスパゲッティーとマカロニの中間のようなトルコの手打ちパスタで、じっくり煮込んだ蛸のラグー、要は蛸のミートソースを絡めてある。お皿を覆う白い、すりおろしチーズのように見えるのは、すりおろした胡桃。この年の3月に幕張メッセのFOODEXのトルコのブースで行われたトルコ食材デモンストレーションでも、マクスットは魚介のミートソースのエリシテにその場で胡桃をすり下ろして、振りかけていた。これは彼のお気に入りのテクニックなのだろう。蛸、胡桃、そして、エリシテのための小麦粉は、3つとも海と山と平原の国、トルコらしい食材である。

三品目は「イチリ・キョフテの餃子」。イチリ・キョフテはアラビア語ではクッベと呼ばれる、肉団子、またはメンチカツのこと。中東全域、そして中東系住民の多いブラジルでも食べられるファストフードだが、マクスットの故郷イスケンデルンの名物料理なのだそうだ。

松の実やパプリカのペーストとともに炒めたひき肉をセモリナ粉の生地で包み、餃子用の包み器を使って同サイズに仕上げ、油で揚げ、見た目まで日本の餃子風に仕上げてある。どうやら彼らを新宿の高級な居酒屋から西荻窪の庶民的なお好み焼き屋まで案内した成果があったらしい。ソースはミントとレモンを混ぜ込んだ水切りヨーグルトだが、単なるペーストではなくエスプーマ、泡状にしてあった。モチモチした厚い生地を食いちぎると中にスパイシーなひき肉炒め。僕はこれまでイチリ・キョフテが嫌いという人に会ったことがないのだが、この特別版のイチリ・キョフテもキョフテ好きだけでなく、餃子好きの心までつかむ出来だった。しかし、このあたりでお腹がだいぶキツくなり始めた。いよいよメインディッシュ三種が待ち構えているのだが……。

ママの肉団子と仔羊のローストで腹いっぱい！

さて、メインに合わせるワインはイスケンデルンから10㎞ほど南にあるシリアとの国境の大都市アンタキヤのワイナリー、「Antioche（アンティオケ）」で造られたバルブリという葡萄種の赤。バルブリはかつては家庭用のワインやペクメズ（葡萄の糖蜜）を作るのに用いられていたが、近年は栽培する人もおらず、ほぼ絶滅状態だった。それをこのワイナリーのオーナーが復活させ、2016年からバルブリ100％の赤ワインの生産を始めたとのこと。ブラックベリーやチェリーの香りが肉料理に合いそうだ。

そしてお待たせしましたメインディッシュの一品目は「ママの肉団子」、要はキョフテである。トルコ人男性誰もが大好きなラムの肉団子キョフテを鉄串に刺して焼いてある。マクスット自身、シリア系（＝アラブ系）トルコ人だけに、この料理はトルコ料理と言うよりもアラブ料理、東エルサレムの旧市街にあるケバブ屋でアラブ系の職人爺さんが炭火で焼いているケバブにそっくりだ。ただファインダイニングらしいひねりもそこに加えてある。串焼きの肉の下のお皿にはルッコラとレタスの千切り。更にその下に敷かれているタヒーニソースのように見えるのは白インゲン豆、玉ねぎ、タヒーニのサラダ、ピヤズをあえてピュレにしたものだ。ピヤズはトルコではキョフテの付け合せに欠かせないものだが、アラブではあまり目にしない。アラブではキョフテ（ア

それぞれの料理にペアリングされたローカルな葡萄品種のワイン。右はナーリンジェ種のオレンジワイン、左はパパスカラス種の赤ワイン。

ラビア語ではケフタ、またはケバブ）の下にタヒーニのソースを敷くと、シニヤという料理に変わる。トルコとアラブの良いとこ取りをしたようなこの料理は、その両方の文化の狭間で育ったマクスットにとってまさに「ママの肉団子」なのだろう。肝心の味だが、とにかく肉の美味しさを知り尽くしたトルコ人ならではの美味さ。トルコで食べるケバブ〜キョフテが不味いわけがないのだ！

メインは残り2種類残っていたのだが、ここで2人の女性たちがギブアップした。そこで涙を飲んで魚のメインはパスさせてもらい、僕一人でメインの3品目、「ラムとフリーケ」にいざ挑んだ。ラム肉のサーロインをケバブ用のスパイスでマリネし、オーブンで長時間かけて柔らかくローストしたもの。そこにフリーケのおかゆが付け合せとなっていた。

「ラムとフリーケ」。柔らかくローストしたラムに、野性的なフリーケの付け合せ二種類。肉と穀物とトルコ食材の組み合わせが最高すぎる！

フリーケは収穫前の未成熟な青い小麦をローストして挽き割りにしたもので、キヌアに次ぐスーパー穀物として近頃は日本でも売られている。通常は野菜とともに炊き、リゾットやお粥のような状態でいただく。ここでは日本の福岡正信式自然農法で栽培されたフリーケを玉ねぎやリンゴとともに7時間も炊いているそうだ。そんなに長時間炊いているのに、自然農法のフリーケは食感はアルデンテ。ラム肉の右には黒海のチーズフォンデュことムハラマ。こちらはトゥルム・ペイニリ（羊の胃袋に入れ、土に埋めて一年間発酵させたチーズ）、ラムのブロード（肉汁）、更にトリュフを使って作っている。これは本当にキラーディッシュ！　肉と穀物、そしてチーズやキノコなどのトルコ食材の美味さが複雑に組み合わされ、既にお腹ははちきれそうなのに、あと一口、あと一口と手を出してしまうのを止められない。なんという罪深い料理だ！

地元の食材をふんだんに使い、伝統料理をリスペクトしながらも、世界の料理や未来を見据えたマクスットの料理、「ネオローカル＝新しい地元」の料理は本当に美味かった。そして、僕はイスタンブルを訪れる度にネオローカルに通い続けることを心に決めた。

さあ、長い道のりは峠を超え、残されたのはデザート三品だけとなった。しかし、僕はここでギブアップだ。この晩、僕は真っ白な灰になり、もはや燃えカスすら残っていない……。

追記：「ネオローカル」は２０２３年度のThe World's 50 Best Restaurantsで世界63位にランクアップ。更にミシュランガイド・イスタンブル２０２３にて、一つ星とグリーンスター（サステナビリティを積極的に推進しているレストラン）を獲得。

材料：作りやすい量

バターナッツカボチャ
………１個（500g）
EXVオリーブオイル………大さじ１
玉ねぎ………1個（200g）
塩………小さじ1/2
乾燥スペアミント………大さじ１
EXVオリーブオイル………1/2カップ
水………1カップ
小麦粉………小さじ２
穀物酢………大さじ１
トマトペースト………大さじ２
プレーンヨーグルト………300g
プルビベール
（トルコの赤唐辛子フレーク、
韓国の赤唐辛子フレークで
代用可）………少々
乾燥スペアミント………少々

作り方

❶プレーンヨーグルトはボウルに金属ざるを重ね、晒しの布を敷いた上に開け、そのまま冷蔵庫で６時間または一晩置き、半量まで水を切る。

❷ボウルにEXVオリーブオイル、水、小麦粉、穀物酢、トマトペースト、残りの乾燥スペアミントを入れ、フォークで攪拌し、トマトペーストをしっかり溶かす。

❸バターナッツカボチャは横に２つに切った後、縦２つに切り、スプーンで種を取る。ピーラーで皮をむき、厚さ1cmのいちょう切りにする。EXVオリーブオイルを塗った耐熱皿に敷き詰め、塩小さじ1/4と乾燥スペアミント小さじ1をふりかける。

❹玉ねぎは皮をむき、ヘタを取り、縦半分に切ってから、横方向に薄切りにし、塩小さじ1/4をふりかけ、５分置く。

❺カボチャの上に④の玉ねぎをのせ、上から②を回しかける。

❻180℃に予熱したオーブンに④の耐熱皿を入れ、30分焼き、続いて160℃に温度を下げて30分焼く。表面に焼き色が付いたらオーブンから取り出し、室温に冷ます。

❼①の水切りヨーグルトをのせ、プルビベールと乾燥スペアミントを回しかけて完成。

カバック・シンコンタ

バターナッツかぼちゃのオーブン焼き、ヨーグルトソース

第2章

フィンランド／サウナの首都と地元食材

世界のサウナ首都で鮮烈なフィンランド料理『ダバル』

WOMEX 世界最大のワールドミュージック見本市

２０１９年10月22日火曜、僕はフィンランドのタンペレへと向かった。

フィンランドなんて全くサラームらしくないと思う人も多いだろう。確かにそのとおりだ。実際、僕はこれまで人生において一度も北欧に行こうなどと考えたこともなかった。

物価は高そうだし、食べ物もあまり美味いものはなさそう。何より寒そうで、日が沈むのも早そうだ。できることなら一年中、海やプールで泳いでいたい僕には北欧は無縁の世界だ。しかし、世界最大のワールドミュージックの見本市「WOMEX」がこの年はフィンランドの第二の町タン

夕方の WOMEX の会場は世界中から集まった音楽関係者たちの出会いの場。

ペレで開催されることとなった。

WOMEXは「WOrld Music EXpo」の略称。ワールドミュージック産業関係者の国際交流の場として1994年にベルリンで始まり、その後、欧州圏各地を開催地として毎年10月に開催されてきた。要は食材の国際見本市「FOODEX」のワールドミュージック版と言えばわかりやすいか。

僕は2018年10月、スペイン・カナリア諸島州ラス・パルマス・デ・グラン・カナリアで開催されたWOMEXに初めて参加した。ラス・パルマス・デ・グラン・カナリア郊外の大型会議場と市内のオペラハウスを会場にしてヨーロッパ、アフリカ、中東、南北アメリカ、アジア、オセアニアの約90カ国から約60組の音楽アーティスト、フェスティバル主催者、マネージャー、エージェント、僕のような音楽評論家やＤＪ、そして一般音楽ファンの２５００名強が参加した。

会期中の５日間、僕は毎晩深夜過ぎまで会場をハシゴして周り、世界中から集まった業界の友人たちと再会し、新進アーティストたちのライヴを堪能した。業界をしぶとく生き延びてきた古い仲間が集い、お互いの生存を確認し、新しい仲間と祝杯を上げるという一年に一度のワールドミュージック業界のお祭り的な感覚が気に入り、以後は出来る限り毎年通うことにした。そんなわけで２０１９年はフィンランド・タンペレへと向かったのだ。

世界のサウナ首都タンペレへ

タンペレについて僕は何も知らなかった。インターネットで調べると、タンペレはフィンランド南部の内陸にあり、人口約23万人、森と無数の湖に囲まれた町。そして日本でもおなじみの児童文学「ムーミン」の里としてムーミン谷博物館が建てられ、さらに近年は「世界のサウナ首都」としても世界中の旅行客を集めている。僕はムーミンには興味はないが、週3回はサウナに通う中級クラスのサウナーだ。なので「世界のサウナ首都」と言われると、どんなサウナが待っているのかワクワクしてしまう。いかんいかん、サウナよりも、WOMEXに参加する新人アーティストたちのほうが、僕の仕事にとってはよっぽど重要なのだけれど。

成田空港からフィンランドの首都ヘルシンキへのフライトは22日の午前10時出発。あまり寝ら

WOMEX2019のメイン会場となったタンペレホールにはムーミン谷博物館が入っていた！

れないまま、現地時間の13時過ぎ、予定どおり約10時間のフライトでヘルシンキ空港に到着した。ヘルシンキからタンペレへは国内線で移動する。16時前に50人乗りの小さなプロペラ機に乗り込み、40分の短いフライトでタンペレ空港到着。荷物を受け取り、空港を出ると、目の前に「WOMEX」と書かれたシャトルバスを発見したので、その場で乗りこみ、15分ほどでタンペレ駅の横にあるビジネスホテルに到着した。

狭い部屋で荷物を広げ、シャワーを浴びてから、目の前にあったスーパーマーケットに水を買いに出ると、外は18時で既に真っ暗、冬の冷たい風がヒューヒューと吹いていた。まるで12月の東京のような暗さで、気分が滅入りそう。しかし、この後19時半に「北国の自然の最も美味い料理」を名乗るレストラン

『Dabbal（ダバル）』を予約してあるのだ！

北国の自然の最も美味い料理店『ダバル』

フィンランド料理初体験のためファインダイニングレストラン『ダバル』へ行こう。ダバルとはフィン語ではなく、主に北極圏に暮らす先住民サーミ人の話すサーミ語で「急流の流れの速い水の間にある穏やかな流れがたまる場所」を意味するそう。湖と湖の間に位置するタンペレの町で、地元の食材を現代的なプレゼンテーションで表現するレストランに相応しい名前だ。

ダバルはタンペレ駅から東に五分ほど歩いた、『ラップランドホテル・タンペレ』の一階に入っていた。僕が頼んだのは3品のコースメニュー「ダバルメニュー 北の自然の最もおいしい味」と、料理に合わせたワインのペアリングだ。

最初にアミューズとパンとバター。アミューズは日本の湯呑そっくりの器に注がれたカリフラワーのスープ。マスタードがガツンと効いている。お店のウェブサイトにアップされた動画によると、食器も地元の陶器業者に特注しているようだ。ミニマルなデザインと彩色が日本の陶器を思わせる。

パンは北欧料理らしく、小麦のパンとアニスシード入りのライ麦パンの二種類。ガーリックとタイムを混ぜこんだバターは北欧料理ではなく、地中海料理の影響だろう。

トナカイのタルタルステーキ。この渋い色合い、これまで僕が知っていた世界のどの料理とも色合いが違う！

さて前菜はトナカイのタルタルステーキ。生のトナカイ肉のたたきに、薬味としてドライカシスと森の苔がふりかけてある。付け合せには人参のスライスとトウヒの若芽のピクルス、さらに瞬間燻製したアイオリソース（南仏に伝わるにんにくと卵黄とレモン汁とオリーブオイルを乳化させたソース）。

トナカイの肉自体、僕は初めて食べるのに、いきなりタルタル、生肉とは飛ばしている！味は鹿のような牛のような濃い赤肉。トナカイも地元食材だが、カシスも苔もフィンランドの湖水地方の森で採れる地元食材だ。ひょっとしてトナカイは普段からカシスや苔を食べているのかもしれない。何よりも驚いたのはトウヒの若芽のピクルス。トウヒは日本ではクリスマスツリーの木として知られるが、酢漬けにしたその若芽はまさに森の松の木のような鮮烈な青苦さがあり、口に入れるとビカ〜！　シャキ〜！　と目が覚めるほどだ。初めての味覚だが、日本も森の国なので、どこか懐かしい。せっかくなのでトウヒの若芽のピクルスだけお代わりをいただいた。生肉と一緒に食べると、まさに北国の生命を食べているような気分になった。

極北の森に分け入った味

お店のウェブサイトにあるもう一つの動画には、二人のシェフが食材を求めて近くの森に分け入る姿も映っている。樹木の表面の苔を剝がし、トウヒの若芽を採集し、お店の厨房に持ち帰り、それらでピクルスやソースを作るのだ。まさに動画で観たとおりの料理が僕の目の前にあった。いやはや絶品だ！

メインディッシュは北極イワナのムニエル。人参のピュレとムール貝のソース、縮緬キャベツのグリルが魚とソースの間に挟まっている。青いお皿にクリーム色のムール貝のソースとオレンジ色の人参のピュレが敷かれ、きつね色に焼かれた北極イワナの皮、さらにオカヒジキとエディブルフラワーがそれぞれ緑と白を添えている。北極イワナは北欧に生息する鮭の一種で、パリパリに焼かれた皮もオレンジ色の身も鮭にそっくり。それをムール貝の濃厚な磯ダシが強調し、人参のピュレが甘みと爽やかさを足している。シャキシャキの食感で甘い縮緬キャベツも、モソモ

コケモモとポルチーニのメレンゲとアイスクリームの四層重ね。ポルチーニを使ったデザートなんて！？

ソして塩っぱい魚の身とよく合う。

おっとペアリングのワインだが、前菜にはドイツ南西部ラインヘッセンのピノ・ノワール。そして、メインにはフランス・アルザス地方のリースリング。前菜が赤でメインが白というのも面白い。北国の料理にはやはり寒い地域のワインが合うのだろう。

デザートの前のお口直しには、溶岩のお皿に盛り付けられたカシスの葉のシャーベット。カシスの葉なんて口にするのは初めてだが、これまた深くて冷たい森の味がして、シャキっと目が覚めた。

そして最後にまたまた驚いた。デザートには上からコケモモのメレンゲ、コケモモのアイスクリーム、ポルチーニのアイスクリーム、ポルチーニのメレンゲが重なっていて、コケモモの実が散らしてある。

ベリー系のフルーツとポルチーニを合わせろのは、ポーランド料理を探せばあるかもしれないけど、普通、ポルチーニをアイスクリームにするか？　メレンゲにするか？　日本で言えばイチゴと松茸でアイスとメレンゲを作るようなものだろう？　しかし、この奇妙な組み合わせが実に美味いんだ！　ポルチーニの濃密な森の幸のダシがコケモモにまったりと絡み合い、これまた止められなくなる。

このデザートにペアリングしてもらったのはオーストリアのデザートワイン。いつもトルコやイスラエルや南フランスなどの暑い国や地域のワインばかり飲んでいる僕にはこの寒い国や地域のワインのセレクトも新鮮だった。

お腹に丁度良いコースとお酒で合計86ユーロ、当時のレートで10、664円とお値打ち価格。フィンランド料理初体験の僕に現代的なダバルは大満足。滞在中もう一度訪れたくなった。

スモークサウナと宿の朝食ブッフェ

川に面した最新鋭サウナ『クーマ』

2019年10月23日水曜、僕は2018年に開店したばかりの最新鋭サウナ『Kuuma（クーマ）』を訪れた。

フィンランドには18万以上の湖が存在し、その多くがタンペレが属する湖水地方にある。タンペレは北のナシ湖と南のピュハ湖の間に位置し、2つの湖をつなぐタンメルコスキ川が町を東西に分けている。

宿からタンペレ駅を西側にくぐり抜け、そのまま10分ほど西に歩くと、煉瓦造りの古い工場の建

クーマはタンペレの町を東西に分けるタンメルコスキ川沿いにあり、サウナからそのまま川やプールに飛び込める。正午近いのに太陽が低い。

物を改装したホテルやショッピングセンターが並ぶ一角に出た。その建物の間の細い通路を通り抜けるとタンメルコスキ川にかかる橋があり、そこを渡り、南西へと蛇行している川岸を数分進むと、クーマに到着した。

このサウナはヘルシンキにある人気サウナ「Löyly（ロウリュ）」の系列店で、最新設備のサウナとお洒落なレストランバーからなる。冷水浴には川に直接飛び込めるのが特徴で、入浴料は平日の昼間なら10ユーロ、当時のレートで約１２４０円とお手頃。僕は11時の開店とともに到着したので、この日最初のお客だった。

温泉や銭湯から発展した日本のサウナとは異なり、フィンランドではサウナは男女共用で、一般的に水着を着用して入る。まず更衣室で持参した水着に着替えたが、着替えた後になって、そこが女性用更衣室だと気づいた。慌てて男性用更衣室に移動した。ははは、誰もいなくて本当に良かった。言い訳を言わせてもらうと、フィンランドではトイレのサインも女性男性ともに水色だったり、または無彩色の木彫りだったりして、日本のようなビカビカな色彩のサインだらけの国から来た外国人には判別が難しいのだ。

ロウリュ↓外気浴↓涅槃

サウナは更衣室の奥にあり、通常のドライサウナのほか、煙突がなく、室内の壁やベンチが煤で真っ黒に燻されたスモークサウナの二箇所がある。どちらも川を一望出来る大きなガラス窓はあるものの、各部屋に30人ずつ入れば満員になりそうなので、夜や週末はかなり混みそうだ。朝一番に来て良かった！　しかし、僕が最初のお客だけに、サウナ内はまだ全然温まっていなかった。日本のサウナにはどこにでもある温度計も12分時計もないので、正確な温度も時間もわからないが、室温は摂氏70度前後くらいだろうか？　スポーツジム付属の摂氏89度のサウナに週3回通っている僕には温度が低すぎる。

そこで室内に置かれた小さなバケツに水を汲み、柄杓（ひしゃく）ですくって、ガンガンに熱されているサウナストーンにジャバ〜っとかけると、ザザ〜っと音がして水が瞬時に蒸発する。これが噂に聞いていたフィンランドサウナの醍醐味の一つ、ロウリュか。

スモークサウナに入ると、朝一番なので貸し切りだった。

いい気になってバケツ一杯分くらいロウリュを繰り返したら、猛烈に熱い水蒸気が室内上部に対流し始めた。ヤバイ、アチ〜い！　湿度モウモウの熱風を浴びて一気に体中から汗が吹き出してくる。これはすごい刺激だ！摂氏100度を確実に超えている。たったの数分で完全に汗だくだくになった。

そこでサウナを出て、川に面した屋外テラスに出た。テラスにはイスもテーブルもソファも、なぜかブランコまで用意されていたが、僕は当然川にダイブ！　というのは嘘で、本当は川の水面にかかったハシゴに沿ってそ〜っと足から水に浸かる。すると、痛いほど冷た〜い！　水温計を見ると水温は7度前後。無理して頭まで浸かると、あんまり冷たくて、全身の体力が急激に奪われていくのがわかる。川の水は東京の温泉のような暗褐色。水の底から川の主の妖怪が出てきて、引きずり込まれても誰も気がついてくれないかも？　そんなパニック気分になるほど、水が冷たいのだ。

ハシゴをつたって川から出ると、今度は血流が戻るにつれて、体中が更に痛み始めた。ヒ～！イタすぎる～！　一体全体どうすりゃいいの！　それでも血流が戻るにつれて、頭がシャキーンとして、体には力が満ちてきた。この猛烈な外気浴、クセになりそうだ！

スモークサウナに戻り、たっぷりロウリュ↓耐えきれなくなるまで大汗かく↓川にソロリソロリと浸かる↓体力を奪われ、命からがらでハシゴを登る↓血流で全身刺されるような痛み↓涅槃……を3セット繰り返す。3回目が終わる頃には、体内の気力が強くなってきた。前日のフライト疲れや時差ボケさえも吹き飛んでしまったようだ。フィンランドのサウナ最高！　6日間の滞在中、あと何回サウナに入れるだろう？

フィンランド伝統料理中心の朝食ブッフェ

さて、二日目に宿泊した『ラップランドホテル・タンペレ』でいただいたブッフェ形式の朝食を紹介しよう。ラップランドホテルはフィンランド北部のラップランドを中心に全国展開する高級ホテルチェーン。それだけに朝食も地元の食材にこだわった伝統料理を中心にブッフェ形式で提供している。

まずタンペレ名物と言われる血のソーセージ、英語で「ブラックソーセージ」と呼ばれる「ムスタマッカラ」。血のソーセージはフランスの「ブーダンノワール」が有名だが、ムスタマッカラには豚のミンチに血に加えて、大麦が足されている。おかげでレバーに似た血のくどさが半減され、クリスピーな食感も加わっている。フィンランド人にはムスタマッカラ抜きの朝食なんてありえないそうだ。通常のムスタマッカラも美味いが、この宿では豚肉の代わりにラップランド名物のトナカイの肉と血を使ったムスタマッカラが看板メニューになっていた。トナカイは野性的な牛肉のような味で、脂が少なく、地元食材のコケモモの甘酸っぱいジャムと合わせるといくらでも食べられる！

次に「カレリアのパイ」を意味する「カレリアンピーラッカ」。ライ麦粉と小麦粉のパイ生地の上にライ麦やお米の粥とマッシュポテトをたっぷりのせてオーブンで焼いた炭水化物オン炭水化物∞のパイだ。これはいくら食いしん坊のオレでも一つ食べれば十分だ、ゲップ。

そして、焼きチーズの「ユーストレイパ」。中東のハルーミチーズに似たチーズをグリルで表面に焼色が付くまで焼いたもの。元々は直径18㎝ほどの円盤型だが、ここでは2㎝角のサイコロ切り。横に添えられた黄色いクラウドベリーのジャムとともにいただく。噛みしめると口の中で「キュッキュ」と鳴るのもハルーミチーズそっくりだ。

主食となるパンはライ麦を使ったものが多いが、中でもフィンランドだけのものとして薄い円盤状のパン「ハパンレイパ」がある。かなり硬めのサワーブレッドで、ベーグルのように水平に

血のソーセージ、ムスタマッカラにコケモモのジャムをつけていただく。不思議なマッチング！

カレリアンピーラッカ。見た目は美味そうだが、重いので一個で十分。

フィンランドの地元朝食惣菜ばかりを一皿に並べて。

二種のスムージー。緑はトウヒの葉のピクルスを使ったスムージー。ピンクはベリーのスムージー。

スライスしてチーズや加工肉を挟んでいただく。これは日本のアイヌ料理のじゃがいもの発酵保存食「ポッチェイモ」を思い出した。

これらの他にブッフェのテーブルに並んでいたのはスモークサーモン、鮭の身を焼いてほぐしたもの、スモークしたタラ、オイルサーディン、ニシンの稚魚のオイル漬け、ニシンや鮭のピクルス、トナカイ肉をコンビーフやプルドポークのように柔らかく煮た煮物、ベーコンやハムなどの加工肉、キュウリや人参のピクルス、様々な種類のチーズ、グリーンサラダなどなど。おっと、ラズベリーやブルーベリー、イチゴやスグリなどの森のベリーのコンポートやジャムも忘れちゃいけない！

そして、前夜にレストラン『ダバル』でいただいて、フィンランド料理に対する見方がガラっと変わったトウヒのピクルスを使ったグリーンスムージーも最高だった。トウヒの清々しい、森の自然そのもののような鮮烈な味のスムージーだ。これはピンク色の森のベリーのスムージーとともに最低3杯はお代わり必至である。

フィンランドで瘦せて帰ろうという僕の魂胆はラップランドホテル・タンペレの朝食ブッフェを前に早くも崩れ去ったのだった。

WOMEXとフィニッシュ・フュージョン『C』

WOMEXで知ったワールドミュージックの最新動向

2019年10月23日水曜からの5日間、僕は「WOMEX」に参加し、毎晩深夜過ぎまで数カ所の会場を周り、合計三十数組のアーティストの生演奏を聴き、6組のアーティストにインタビューを行い、世界中の音楽業界の友人知人たちと交流を図った。

この年のWOMEXで音楽的に目立った動きは二つ。一つはご当地フィンランド、およびスカンジナビア諸国とバルト3国のアーティストたちだった。フィンランド、スウェーデンやノルウェー、デンマーク、そしてリトアニア、ラトビア、エストニアまで、音楽的には何らかの繋がりが

WOMEX 初日のフィンランド音楽ショーケースの締め。奇人変人大集合ってな塩梅が写真からも伝わってくるはず。

あり、それぞれの国で民謡エレクトロニカ、民謡ヒップホップ、民謡ジャズ、民謡合唱など、様々な新しいアーティストたちが現れていた。日本にも彼らの作品の一部は届いていたが、寒空のタンペレで生演奏を聴いて、初めて腑に落ちることが多かった。おかげで僕のラジオ番組でもフィンランドや北欧のアーティストを紹介する機会が激増した。

もう一つは全世界的な女性アーティストたちの躍進である。「WOMEX」にライヴ出演した全61組の音楽アーティスト中、なんと25組、4割が女性だった。一般的にワールドミュージックと言うと、渋い顔のオヤジや爺さんたちによる一子相伝的な古典音楽や絶滅寸前の伝統音楽、もしくはマッチョなラテンやアフリカンのアニキたち、そしてリスナーも男性中心というイメージがどうしてもつきまとうが、少なくともWOMEXにおいてはジェンダー問題は解決されつつあるのだ。

個々の音楽アーティストについては、これ以上詳しく記すスペースがないので、僕がナビゲーターを務めるラジオ番組「ＮＨＫＦＭ音楽遊覧飛行エキゾチッククルーズ」や「J-WAVE Oriental Music Show」そして「ラジオ高崎 Musique Sans Frontiere」などをお聴きいただきたい。

99％地元食材を使ったレストラン『C』

さてお待ちかねのフィニッシュ・フュージョン料理店『C』に行ってみよう！　ここは「純粋なフィンランドの食材を使った料理」をコンセプトに２００８年にオープン。塩とコショウとコーヒーを除いて、お店で使う99％の食材がフィンランドの豊かな北の自然の中で育まれたものを用いている。野菜は自然農法、草原からはハーブや木の根、森林からはベリーやきのこ、トナカイや狩猟肉、また近くの湖や海からはその日釣った魚も頻繁にメニューに登場するという今どきのフードマイレージの少ない、ＳＤＧs仕様なお店だ。フィンランド観光局の広報ウェブサイトvisitfinland.comでも、この店のオーナーシェフのIlkka Isotalo（イルッカ・イソタロ）氏が「フィンランドのワイルドフードの専門家」として紹介されていた。

午後7時、お店に入ると、白いテーブルクロスと白い壁、如何にも北欧らしい実用的でシンプルな内装。ディナーのメニューは前菜、メイン、デザートとアミューズからなる70ユーロのコース、またはアラカルト。ワインリストに軽く目を通すとドイツやオーストリアなど北国のもの、要は僕が全く知らない銘柄ばかり。そこで、料理はコースに更に前菜を一品プラスして頼み、ワインは料理に合わせて一杯ずつペアリングしてもらうことにした。

するとすぐに3つの大きさや材質や色彩、高さまで異なるお皿からなるアミューズが運ばれてきた。真ん中の円筒形の木製の鉢には大麦が敷かれ、中に黒い杏茸と卵白を使ったメレンゲが立てられている。右の平皿にはオニオンオイルをかけたポルチーニ茸のペースト。そして左の皿には一口サイズの豚の生ハムのタルティーヌだ。杏茸もポルチーニも森のキノコならではの旨味が強烈だ。

2つ目のアミューズは黒い瀬戸焼きのような小鉢にほんの少しの羊のブロード（ダシ汁）、そこにテーブルスプーン一杯ほどの仔羊のレバーのムースが浮かんでいる。ムースの上には紫玉ねぎのピクルスと白くて可憐な玉ねぎの花蕾のピクルス。一すくいでいただくと、羊の親子丼ならぬ、羊の親子ダシが濃厚で美味い！　これまでの料理はあくまでアミューズ、突き出しでここから先にコース料理がスタートする。

仔羊の梅なめろう？　なぜか日本料理からの影響が

前菜一皿目は「レコラ産のワカサギとじゃがいも」。この後の料理にも登場するが、レコラとは

メインの肉料理、「ヴェシラハティ産の鹿、レコラ産の根野菜と杏茸」。鹿肉に、ビーツやセルリアック、杏茸、そしてトウヒ！　極北の地の森の幸満載！

タンペレの東に位置する森と湖の町カンガサラにある自然農法の農園「レコラ・バイオダイナミック農園」を指している。「C」は毎年夏の間、この農園にポップアップ・レストランを出店しているという。万古焼のような平皿の右側にはまるごとのワカサギを酢で締めたマリネにサワークリームをのせ、コケモモと赤唐辛子のピクルスと上にはじゃがいものチップス。そして左側には熟成じゃがいもの丸いパンケーキに刻みネギ。酢で締めた生魚のマリネは典型的なフィンランド料理だが、「C」ではコケモモのピクルスをレモン代わりにしていた。

もう一品の前菜は「レコラ産の仔羊のタルタル、キャルキティラ産のセイヨウスモモ」。新鮮なラムの生肉をたたき、茹でたサヤインゲンと、初めて見るハーブの葉が添えられている。セイヨウスモモの塩漬けは日本の梅干しとほとんど同じ味がした。「仔羊の梅なめろう」と言えば味の想像が付きやすいだろうか。

そしてメインディッシュは「ヴェシラハティ産の鹿、レコラ産の根野菜と杏茸」。ヴェシラハティはタンペレから湖沿いに南に下った湖と森林の地域。そこで採れた鹿の肉を野菜とともに一晩蒸し煮にし、軽く乳酸発酵させたレコラ農園産のセルリアックと人参のグリル焼きを添えてある。ワイン色のソースは肉とともに蒸し煮にしたビーツから、そして黄土色のクリームは杏茸から。ハーブ代わりに鮮烈な芳香を放つトウヒが散らしてある。どうやらトウヒの若芽はフィンランドでは人気の食材らしい。トロトロに煮えた鹿肉にはビーツの土臭く甘いソースがよく合い、更に土臭く苦いセルリアックと人参のグリルには、松茸のように濃厚な旨味を持つ杏茸のクリームが合う。フィンランド料理に詳しくないので、この料理がどれだけ伝統的か、それとも伝統から逸脱しているのかわからないが、少なくとも、地元の食材だけを使いながら、味や食感、色彩までを対比させたこの料理は、とてもグローバルで現代的に思えた。

さて、デザートは二品。まずは「薔薇の花の泡で包んだラズベリーのシャーベット」。薔薇の香りの白い泡をスプーンで割ると、鮮やかなマゼンタ色のラズベリーが！　これは爽やか！

そしてもう一皿のデザートは、正確な名称をメモするのを忘れてしまったが、「ルバーブと苺、キャラメリゼしたセイヨウスグリの実を添えたフローズンヨーグルト」。周りにはイチジクの葉のハーブオイル。セイヨウスグリやハーブオイルが様々なアロマを残すとても爽やかな極北の森の

フローズンヨーグルトにルバーブと苺、キャラメリゼしたセイヨウスグリスグリの実を添え，イチジクの葉のハーブオイル。極北の爽やかなデザート！

「日本料理に強い影響を受けています」とオーナーシェフのイルッカ・イソタロ氏。彼はフィンランドのワイルドフードの専門家に認定されている。

この年の WOMEX での最大の発見はラトビアの女声ポリフォニー団 Saucejas。ラトビアの深い森に響く古の声。

味だ。

食材についてウェイターに色々と質問したせいか、一仕事終えたシェフのイルッカ氏が僕たちの所に挨拶に来てくれた。「日本人ですか？ 僕は日本料理に強い影響を受けています。それを感じてもらえましたか。地元食材で作った梅干しや麹も使ってますから。そして、食材のほとんどは半径50㎞以内のものです」

なるほど！ フィンランド料理から日本料理や世界の料理まで、地元食材だけを使って表現するとは難易度の高い事をやってるなあ。イルッカ氏が作る「C」のコース料理は、北国の厳しくも豊かな自然がもたらした食材を使った見事な世界航路だった。満足満足。

極寒の公衆サウナと素朴な伝統料理

湖畔の公衆サウナ『ラウハニエミ』へ

２０１９年10月27日日曜午前8時、僕はタンペレのホテルで短い睡眠から目を覚ました。前夜、WOMEX会場から部屋に戻ったのは午前3時半。既に日本を出て5日以上経つが、時差ボケは治らないままだ。

窓の外は冬のどんより曇り空。5日のうちにタンペレはよく晴れた秋から冷たい雨が降る冬へと変わっていった。日本を出る直前に買った防寒防水パーカー、着いた当初は着ているだけで汗をかいたが、三日目には買ってきて正解と思うようになった。そして、この朝は雪まで降り出しそうな空模様だ。

午前10時にWOMEXの最終ミーティングに顔を出した。期間中に話す機会がなかったインド、エストニア、フランス、ブラジル、オランダ、イギリス、イスラエル、スペイン、トルコ、アメリカの同業者たちと挨拶し、近況を知らせ合った。そして午後はWOMEX賞と閉会コンサートが続き、この年のWOMEXは終了した。

多くの友人たちはこの日のうちに帰路に着いたが、僕はタンペレに更に一泊することにした。なぜならサウナとフィンランド料理をあと少し満喫したかったから！

というわけで、小雨からみぞれに変わりつつある午後3時、町の中心から2.5㎞北にあるナシ湖の南湖畔の公衆サウナ『Rauhaniemi（ラウハニエミ）』にタクシーで向かった。ナシ湖に着くと、雨天のせいか波が結構高く、飛び込み台や金属の手すりが設けられた岩場には、波がザバーンと打ち付けている。なんか生命の危険すら感じるんですけど……。そんな中、年配のカップルが平然と冷水の中に入っていく！ 遠くには泳いでいる若者たちまでいる。ひ〜！ こちらは見てるだけで心臓麻痺起こしそうデス！

岩場の右手前に黄土色に塗られた2階建てほどの高さのプレハブの建物が並んで建っていた。奥のプレハブがサウナらしく、前のベンチには身体が真っ赤に火照った十数名の老若男女が水着姿のまま座り、楽しそうに話し込んでいる。ちなみに外気温は摂氏2度！

公衆サウナの洗礼

番台のアニキにガラス窓越しに入場料の7ユーロを払い、更衣室へ。扉を開くと、ムワ〜と湿った熱気が漏れてきた。垢抜けない感じが、子供の頃よく通った高崎市の市民プールを思い出した。更衣室には当然、ロッカーもスリッパもタオルもなく、左右両側の壁の高い位置にびっしりと入浴者のコートやズボンが吊るされ、バッグやビニール袋はその下のフックにひっかけてあるだけだ。公衆サウナは、初日に訪れた高級サウナとは随分と勝手が違うのだ。幸いタオルは持っていたが、一眼レフカメラは袋に入れておくしかないか。まあ治安の良いこの町で盗難はなさそうだけどね。

水着に着替えて、外に出ると当然肌を刺すような寒さだ。早くサウナに入りた〜い！　しかし、「郷に入らば郷に従え」だ。まずはシャワールームで全身を洗うことから始まる。ここから先は男女は一緒。3人の地元女性の後ろに並び、10分ほど震えながら待ってから、熱いシャワーを浴び、全身を洗った。そして、二つあるサウナのうち、

湖畔の公衆サウナ「ラウハニエミ」の野外ベンチ。摂氏2℃なのに、みんな楽しそう！

大きいほうのサウナに入った。

照明は最小限で基本真っ暗。室温はちょっとぬるめで、85度くらいだろうか。ドライサウナに慣れている身にはスモーク臭とスチームがかなりキツい。スマホやカメラなんて持って入ったら、蒸気ですぐに壊れてしまうだろう。

目が慣れるまでしばらくかかったが、奥に長い建物の左右の壁の両側に木製ベンチがあり、ベンチは壁に向かって四段の高さになっていた。そこに20人以上の水着姿の男女が無言で腰かけている。一番奥の中央にサウナストーブが

こんなに寒いのに湖に入るなんて自殺行為じゃ？と思いきや、僕もサウナ＆冷水リピート中毒状態に！

あり、お腹がでっぷりと出たオヤジさんがロウリュを仕切っていた。最初はぬるいと思って最上段に座っていたが、オヤジさんがロウリュを何度も繰り返すうち、熱気が一気に襲いかかってきた。う〜ん、熱くて目を開けていられないほどだ！　鼻の穴もヒリヒリする！　95度くらいか？　そこで10分弱、ジーッと我慢の後、耐えきれなくなった瞬間、サウナから飛び出した。

みぞれが吹き付ける湖にダイブ

ベンチを横切り、岩場の手すりにつかまりながら、みぞれが吹き付ける湖にダイブする。水温は外気と同じ摂氏2度。身を切るほど冷たく、何も考えられなくなる！　頭まで三回、冷水に浸かってから急いで湖を出て、外のベンチに腰掛けた。すると今度は全身を刺すような痛みが襲ってきた。血流が急速に戻ってきているのだ。これはイタい、本当に痛い！　外でトトノう余裕もなく、急いでサウナに戻る。

大きいほうのサウナ＆冷水ダイブを3セット繰り返した後、今度は小さいほうのサウナへ移った。こちらは定員が12名ほど。ここでも腹の出たオヤジさんがロウリュを仕切っていた。

持ち込んだヴィヒタ（白樺の若い枝葉を束ねたもの）で身体を叩いて血流を上げ、ロウリュによる熱さをギリギリまで耐えた後、湖で冷水浴。それから表のベンチで一休み。この流れを更に2セット行うと、凝っていた肩や首が軽くなった。5日間の激務による肉体疲労がだいぶ取れた。今夜こそ時差ボケも治るはずだ。

真冬に湖にダイブなんて、日本にいたら考えたことすらなかったけれど、非常に清冽な体験なので、読者の皆さんにもぜひオススメしたい。音楽を抜きにしても、フィンランド料理とサウナ巡礼のためにタンペレを再訪するのも悪くない。僕はそれほどフィンランドのサウナが好きになってしまった！

ダバル再訪、素朴でたっぷりすぎる伝統料理に舌鼓

さて、タンペレはヨーロッパの小さな町らしく、日曜日は基本的にレストランは休業。それで

北国の美味いもの盛り合わせ。キノコやピクルス、チーズはフィンランドの常備菜だ。

も初日に訪れた店『ダバル』が奇跡的に開いていたので、再訪することにした。しかし、日曜はシェフが休みのため簡単なビストロ・メニューだけを供していた。それならば素朴なフィンランドの伝統料理を食べようか。

前菜には「北国の美味いもの盛り合わせ」。木の幹の輪切りのトレーに乗った4種類の冷菜の盛り合わせだ。一つめはエディブルフラワーで飾ったマッシュルームのペーストと人参のペーストがごま入りのフラットブレッドにのっている。濃厚なキノコと甘い人参がよく合う。初日にもポルチーニ茸の料理をいただいたが、森のキノコは北国の秋らしい食材だ。

2つめは人参と玉ねぎのみじん切りのピクルスとハードチーズ。これは日本でも簡単に再現出来そうだ。3つめは薄切りライ麦パン

トナカイの煮込み。マッシュポテトとコケモモ、キュウリのピクルス。素朴で美味いが、食べきれないほどの量！

の上に茹でた蟹の身のマヨネーズ和え、更にうるか（鮎の卵の塩漬け）が散らしてある。4つめは小麦粉生地の上にキノコのピクルスとマゼンタ色のベリーのムース。

こうした酸っぱいもの、甘いもの、塩っぱいもの、濃厚なものの組み合わせは、どこか日本料理の前菜類であるナマスや酢物、白和えなどを思わせる。

この後はフィンランドらしい料理を三皿注文した。まずはトナカイ料理。狩猟の歴史が長いフィンランドでは鹿やうさぎ、そしてトナカイも日常的に食べられている。メニューにトナカイのレバーのグリルとトナカイの煮込みがあったので、その両方を頼んでみた。

トナカイのレバーのグリルは新鮮なレバーを薄切りにし、焼色が付くまでグリルしてある。付け合せには大量のマッシュポテトと人

スモークサーモンのサラダ。火を通した温燻サーモンにレタスとフライドポテト。こちらも素朴で、北海道の居酒屋料理っぽい

参のピュレ。赤いコケモモの実とリンゴのジャムが添えられている。うん、これは北海道で食べる鹿のレバーとよく似ている。臭みなどなく、ほろ苦く、甘いソースがよく合う！

続いてはトナカイの煮込み。こちらもマッシュポテトとコケモモの実、そしてキュウリのピクルスが添えられている。ラップランドの伝統料理らしい。ベルギー料理やアイルランド料理の牛肉のビール煮を鹿肉で置き換えて作ったような味。素朴だが、肉のシチューが好きならたまらない料理だ。

そしてメイン三品目はスモークサーモンのサラダ。これは僕たちが普段食べている冷燻された半生のスモークサーモンの薄切りではなく、じっくり高温で燻した（というか、焼いた）サーモンのフィレまるごとをほぐして、ちぎったレタスとフライドポテトに合わせた

タンペレの公設市場の八百屋にて。いかにも冬の始まりの北国らしい根菜と葉野菜ばかり。

ものだった。サラダというよりはこれもメインディッシュだ。4品とも北海道の居酒屋で出てきそうな食材勝負の素朴な料理で美味いのだが、なんせ量が多すぎて、3人がかりなのに$\frac{1}{3}$近く残してしまった。

こうして初めてのフィンランド訪問は終了した。翌日はオスロに移動だ。6日間の滞在中、音楽取材で忙しかったため、地元料理を十分に楽しめたとは言い難い。しかし、心残りがあるほうが再訪のチャンスがある。次回は音楽を抜きにしてサウナと地元食材のためだけにフィンランドを訪れたい。

材料：４人分

乾燥ポルチーニ………30g
ぬるま湯………200cc
玉ねぎ………1/2個（みじん切り）
バター………30g
ブラウンマッシュルーム
………１パック（5㎜の薄切り）
エリンギ………１本
（食べやすい大きさに切り分ける）
舞茸………１パック
（食べやすい大きさに切り分ける）
水………1.2リットル
じゃがいも………２～３個
（皮を向いて食べやすい大きさに
切り分ける）
月桂樹の葉………２枚
ジュニパーベリー………５粒
生クリーム………100cc
塩………小さじ1/2
胡椒………少々
ディル………1/4パック（みじん切り）
青ネギ………３本（みじん切り）

作り方

❶乾燥ポルチーニは埃やゴミ、土を落としてから、ボウルに入れ、ぬるま湯に漬け、一晩置く。

❷翌日、ポルチーニをつけ汁ごと圧力鍋に入れ、火にかけ、10~20分加圧する。通常の鍋の場合は時々水を足しながら２時間煮る。

❸別の鍋を火にかけ、バターを入れ、溶けてきたら玉ねぎを加え、透明になるまで５分炒める。食べやすい大きさに切り分けたブラウンマッシュルーム、エリンギ、舞茸を加え、中の弱火でキノコ類に火が通るまで炒める。

❹ポルチーニを漬け汁ごと加え、沸騰したら、水、じゃがいも、月桂樹の葉、ジュニパーベリーを足し、ふたをして弱火で20分煮る。じゃがいもが柔らかくなったら、生クリームを足し、塩胡椒で調味し、火を止める。

❺スープ皿に盛り、みじん切りのディルと青ネギをたっぷり散らして出来上がり。

ズッパ・グジボヴァ　乾燥ポルチーニのスープ

第3章

ノルウェー／サウナと新北欧料理

加工肉や燻製魚、チーズ三昧の北欧朝食ブッフェ

ノルウェーの音楽フェス「オスロワールド」

2019年10月28日月曜、フィンランドのタンペレからノルウェーのオスロへと移動した。オスロもタンペレ以上にサラームには似合わない！　と読者は思ってるはず？　いや、僕自身もタンペレに加えて、次はオスロまで訪ねることになるとは思いもしなかった。しかし、予想のつかないことを受け入れて楽しまなければ人生はつまらないでしょう！

その年の8月下旬、以前参加したイスタンブルの音楽見本市会場で出会ったノルウェーの音楽フェス「Oslo World（オスロワールド）」の広報担当のローラから連絡をもらったのがオスロ訪問

のきっかけだった。彼女から「もしタンペレのWOMEXに来るなら、そのまま翌週に開催されるオスロワールドに参加しない？」と誘われたのだ。

オスロワールドは1994年にスタートしたノルウェー最大のワールドミュージックのフェスティバル。毎年10月下旬から11月初旬の一週間にわたりオスロ市内の複数の会場で開催され、コンサートだけでなく、アーティストや国際参加者たちによるワークショップやレクチャー、パネルディスカッションなども行われる。更にオスロワールドミュージック財団として通年の活動や、世界中のワールド系フェスと連携し、中東やアジア地域からのレジデンス・アーティストの受け入れや、オスロの若いアーティストの卵たちの支援なども行っている。

過去の出演アーティストをチェックすると、トルコのGaye Su Akyolや、キューバの双子姉妹Ibeyi、マリのFatoumata Diawaraなど、女性の比率がとても高いことに気がついた。前章でも書いたが、ワールドミュージックのフェスは、例えばキューバのブエナ・ビスタ・ソシアル・クラブやモロッコのジャジューカのようにどうしてもオヤジ率が高くなりがちなのだ。レクチャーやパネルディスカッションも面白そうだし、せっかくのお誘いに乗らなくてどうする！　そんな訳で日本の仕事のスケジュールを調整し、タンペレの後、オスロに7泊することにした。

タンペレからオスロへ

タンペレ空港から国内線に乗り40分のフライトで午後3時半にヘルシンキに到着すると、なんと吹雪が吹いていた。タンペレにいた6日間で季節は秋から冬へと変わっていたのだ。そして、午後5時にオスロへと90分のフライトだ。フィンランドとノルウェーには時差が一時間あるため、到着して腕時計を一時間戻した。すると、まだ午後5時35分。入国審査をサクっと通り、荷物をスムースに受け取り、空港駅から特急電車に乗りこむと、6時35分にオスロ中央駅には到着した。

駅から指定された宿『Clarion Collection Ho el Folketeateret（クラリオン・コレクション・ホテル・フォルケティーテレト）』までは徒歩5分。路面電車の線路が交差するデコボコの道を重いスーツケースを転がしながら歩いた。午後7時前には宿にチェックインし、部屋のベッドにジャンプイン！　ふ〜、北欧はさすがに何事もスムースだなあ。中東や北アフリカ、インドなら、初めて着く町でこんなにスムースには行かないよ〜。

それでも飛行機を乗り継いで一日かけて移動をし、更に日本からの時差ボケを引きずったまま連日深夜過ぎまで音楽取材を行っていたので、さすがに疲れが溜まっていた。今日くらいは早寝しよう！　幸いオスロワールドは翌日の夕方からのスタートだ。なので午後までは自由時間。初めての町、オスロの観光をするのも悪くない。夕食は宿の軽食ブッフェで軽くすませ、午後10時

ノーベル平和センター前のオスロ湾の夕暮れ。ムンクの『叫び』と同じ色合いだ。

にはベッドに入った。

　翌朝目を覚ますと午前6時半だった。冬の北欧では日が昇るのは午前8時過ぎなので、窓の外はまだ真っ暗だが、日本を出て一週間、初めて朝までぐっすり眠れた。時差ボケがやっと治ってきたのだ。すがすがしい気分で一階の朝食サロンに降りると、目の前に広がる光景に圧倒された。

　おお、見たことないチーズがずらっと並んでるぞ！　ハムやサラミ、スモークサーモン、ニシンの酢漬けも何種類もあるし、ジャムやマーマレードも沢山！　ライ麦パンをはじめ、パンも数種類！　ありとあらゆる北欧の保存食があるぞ！　そのほか、ジュースやスムージーやコーヒーや紅茶も数種類ずつあるし、フルーツにケーキ、オムレツやベイクドビーンズなどの普通のコンチネンタル・ブレックフアストのコーナーもある。もしかして、ここは天国か⁉　タンペレで泊まった宿の朝食ブッフェも地元料理のバリエーションがすばらしかったが、この宿はそれ以上だ！

宿の朝食ブッフェはノルウェー保存食品祭り！

興奮を抑えながら、ブッフェテーブルの写真、そして一つ一つの料理の写真を撮影した。次に平皿を手に持ち、大皿や鍋から料理を配置よく平皿に盛り付け、まだ太陽の光が届かない薄暗い席に着いて、平皿の写真を撮ってから、最後に料理を頬張った。

まずは最も北欧らしいスモークサーモンから。大きな鮭を3枚におろした半身をそのまま冷燻しているのでとにかく身が大きい。それをスライサーで3㎜くらいの極薄にスライスしてある。お皿にのせると下に置いた料理が透けて見えるほどだ。プレーンなスモークと、スモークしてからディル入りのはちみつマスタードソースを塗ったたものの二種類。プレーンなものは日本のスモークサーモンよりも燻製具合がフレッシュ。そしてはちみつマスタードソースを塗ったほうは甘辛な味とディルの青臭さが加わり、一発で癖になりそう。どちらもスライス一枚が日本のスモークサーモンより遥かに大きいのが嬉しい。

ノルウェーでは畜産がほとんど行われてないので、パストラミビーフや生ハムなどの加工肉類は近隣諸国からの輸入品だろう。しかし、地元名物のコケモモやクラウドベリーのジャムをかけ

ガラスのジャーに入ったビーツやキュウリのピクルス、冷菜類。

ていただけばノルウェー料理と呼んでも良いだろう。日本でもIKEAの食堂でおなじみとなった、塩っぱい加工肉と甘いジャムの組み合わせはやっぱり本場が最高。

そして、初めていただいたスモークサバ。3枚におろしたサバの表面に胡椒やパプリカを散らしてスモークしたものだが、タンペレ最終日に食べたスモークサーモンと同じく、冷燻ではなく温燻されていて、完全に中まで火が通っていた。日本のサバの干物のアダルト版と言いたい、どこか懐かしいも、大人っぽい味。これも美味い！

こうした動物性タンパク質の塊はビーツやキュウリ、キャベツなどのピクルスと一緒にいただくと口の中がさっぱりする。サラダのコーナーにはトマトやバジルやズッキーニなどの夏野菜も並んでいたが、以前はノルウェ

スパイスをまぶしてから温燻してあるスモークサバ。旨味たっぷり！

ーではカブやキャベツなどの寒冷地に強い野菜しか育たなかったそうだ。

チーズはゴルゴンゾーラやブリーなどのフランスのチーズの横に「イェトオスト」というヤギのチーズ、そして、何やらキャラメルやチョコレートのような色合いの「ブルノスト」が数種類並んでいた。これは山羊の乳と牛の乳清を煮詰めたもので、英語ではブラウンチーズと呼ばれる。正確にはチーズではないが、ノルウェー人の朝食には欠かせない乳製品だ。ステンレスのチーズスライサーを使って、薄くスライスし、これも北欧らしいフラットブレッドにのせていただく。乳糖の甘みと焦げた味がまるでチョコレートとチーズとピーナッツバターを足したようで美味い！

こうしたチーズや乳製品にはいちじくやキウイ、パイナップル、マンゴー、リンゴのジャ

宿の朝食ブッフェテーブルの一部。オレとしたことが興奮しすぎて、全然良い写真撮れてない！

チーズを一皿に盛り付けて。一番左がブラウンチーズことブルノスト。甘さの少ないチョコレートのような味。いちじくとパイナップルのジャムとともに。

ある朝の朝食。興奮がお皿と写真から伝わってくるでしょう！

ムを合わせても最高だ。
などなど徒然に綴ってきたが、さすが町の中心に位置する大型四つ星ホテル、これだけ質が高いローカルな料理（と言っても保存食を切って並べているだけ）を朝食ブッフェに揃えているとは！　これから一週間、朝食の時間が楽しみになってしまった！

氷点下のオスロ湾に浮かぶサウナ屋形船でトトのう

オスロ湾でサウナ屋形船発見

今回もサウナネタ。２０１９年10月29日火曜午前9時、宿の朝食ブッフェでお腹いっぱいになった僕は消化のため散歩に出ることにした。だが、日本を出る直前まで忙しく、オスロについて調べる余裕はなかったので、何もアイディアがなかった。

とりあえず海を見ようと、中央駅の南側に広がるビョルヴィカ地区を目指した。オスロは南北に細長い湾、オスロ・フィヨルドの最北奥に位置する町。フィヨルドに面したビョルヴィカ地区は20世紀には工業地帯の港湾として栄えたが、水質汚染などが問題となり、工業地帯は郊外に移

C・ノーランの映画『テネット』にも登場するオスロのオペラハウス。入り口に向かって歩いているつもりがいつのまにか屋根の上にいた。

され、今では環境に配慮した再開発が行われている。

駅から5分ほど南に歩くと、正面に静かな水面の藍色の海が見えてきた。その左手には白い屋根と透明なガラスの組合わせがまるで氷山のような形の巨大な建築物、オスロ・オペラハウスがドーンと構えていた。オペラハウスは通路と屋根、そして一部の壁面が平面でつながっていて、一階の入り口を目指して歩いていたが、いつのまにか屋根の上を歩いているような、まるでだまし絵の中にいる気分になる。2020年のクリストファー・ノーラン監督の映画『テネット』では、主人公2人が荒唐無稽な作戦を練る際のロケ地としてこの通路兼屋根が用いられていた。

オペラハウスの屋根からビョルヴィカ地区を見下ろすと、正面の埠頭に煙突の付いた小さな屋形船が二艘浮かんでいるのが見えた。なんだろう？　歩いて近づくと、埠頭沿いに『Kok Oslo（コック・オスロ）』という立て看板が出ていた。これはサウナ好きの友人から聞いていた最新の移動式サウナボートじゃないか！　タンペレの6日間ですっかり北欧サウナの虜となってしまった僕には、これは天からの恵みかも？

コック・オスロは2階建ての屋形船。甲板の上に北欧らしいミニマルデザインの木製の四角い小屋が建っていて、四方の壁にガラス窓が設けられている。そして船尾の甲板に屋上に登る階段があり、屋上は埠頭と同じ高さになっていて、渡し通路をかければ埠頭からそのまま歩いて乗船出来る。船は施錠され、人の気配はなかったが、ウェブサイトのURLが記されていたので、その場でインターネットでアクセスした。すると団体客向けの貸し切りでフィヨルドを回るクルーズサウナや10人限定の一般営業など、曜日ごとに営業形態が異なっていたが、運が良いことに翌朝水曜の午前7時から一般営業を行っていた。おお、急いで予約せねば！　埠頭脇のベンチに腰掛け、財布からクレジットカードを取り出してオンライン予約した。金額は200ノルウェークローネ、当時のレートで約2500円。

明け方のコック・オスロ

その日は東京の渋谷と浅草に支店があるカフェ、『Fuglen（フグレン）』の本店で美味いコーヒ

朝6時50分にオスロ湾に浮かぶサウナ船『コック・オスロ』に到着。

ーをいただき、午後はムンク美術館に行き、「叫び」を鑑賞した。夕方からは今回の取材先である「オスロワールド」の開会式に出席し、歴史ある劇場『フォルケティーテレト（人民劇場）』でオープニングコンサート「ユートピアン・ララバイズ」を観た。

そして翌朝、午前6時に目を覚ました。夏時間から冬時間へと移行したばかりの10月末のオスロ、まだ外は真っ暗だ。水泳パンツとバスタオルとミネラルウォーター、そしてスマホと一眼レフカメラだけ持って、誰も歩いていない町に飛び出した。気温はマイナス4度。オスロはタンペレよりも南に位置するが、朝晩の冷え込みは厳しい。

6時50分、埠頭に着くと、夜は少しずつ白んできて、青白い空に真正面のオペラハウスから漏れる黄色い灯りが浮かび上がっていた。コック・オスロからもオレンジ色の灯りが漏れていて、中で女性スタッフが開店準備を始めていた。この日は僕が一番最初のお客らしい。開店時間の7時になると、そのスタッフが階段を登ってきて、屋上から埠頭へと折りたたみ式の渡り廊下を伸ばしてくれた。

「おはようございます」

「おはようございます。ようこそコック・オスロへ。初めてですか？　海水パンツとバスタオルは持ってきましたか？　室内は手前が更衣室で奥がサウナです。全員揃ってから火の温度を上げるので、それまでサウナでリラックスしていて下さい」

階段を降りると、船尾側の甲板になっていて、中央に船外機が設置されていた。季節が良ければ白夜の夜にフィヨルドをゆっくりとクルージングしながらサウナを楽しむことも出来るのだろう。船首側の甲板に入り口があり、靴を脱ぎ、更衣室に入る。6畳ほどの更衣室は男女共同だ。そこで海水パンツに着替えていると、次々とお客さんが入ってきた。

更衣室の奥の扉を開くと、そこがサウナ室。真新しい木材の香りと炭火の香り、うっすらとティートゥリーのアロマオイルの香りが混じっている。サウナ室は正面（船尾側）と左奥に向かって二段のひな壇式になっていて、詰めれば15人ほど腰掛けられそうだ。右手は大きなガラス窓になっていて、その手前にはサウナストーブが設置され、煙突が天井を貫いている。

温度計を見ると、室内はまだ75度でぬるいくらいだ。それでも、ガラス越しに次第に明けていく空を眺め、サウナの最上段に腰掛けているのは悪くない。5分ほどで本日の予約者全員が揃った。20～40代の男性が3人、20代の女性2人、初老の男女カップルが二組、そして僕、総勢10人。うち6人が地元客だが、仕事でオスロに赴任しているというアメリカ人とドイツ人の男性、カナダ人の女性、そして僕が混じっていたため、室内の会話は自然と英語になった。

ロウリュ&アウフグース&オスロ湾ダイブ

自己紹介を兼ねた会話をしていると、先程のスタッフが入ってきて、サウナストーブに薪を数本くべた。すると室温がグンと急上昇した。次に彼女が熱せられたサウナストーンに柄杓3杯の水をロウリュすると、「ジョワー〜！・ジャァ〜！」と蒸気が上がった。それから彼女が手に持っていたタオルを扇風機のようにブンブンと振り回し、室内の空気を更に循環させると、熱気がドバーっと僕の全身に襲いかかってきた。熱い。これが本場のアウフグース（熱風サービス）か！　一気に100度を超えたかも？　鼻の粘膜は火傷しそうだし、もう目を開いてもいられない！　目をつぶって口と鼻をタオルで覆って、更に5分ほど全身が真っ赤になるまで耐えてから、サウナ室から飛び出した。

甲板に出ると、目の前で初老のカップルが海にザブンと飛び込んだ。水温は摂氏4度で、三日前に訪れたタンペレのラウハニエミ・サウナの水温は2度だったので、それよりは微妙に温かいが、オスロは外気温がマイナス4度である。甲板に立っているだけでも身体は冷えてくる。それにここはフィヨルド地形で、埠頭沿いでも海はかなり深いは

サウナストーブにその場で薪をくべる。外はまだ暗い。

サウナでギリギリまで追い込んでから、オスロ湾にダイブ。そのままプカプカ浮かぶ。

ず。心臓麻痺を起こして、そのまま溺れたらどうしよう？　だが、ここで飛び込まなかったら来た意味がない！　意を決して足からザブンと飛び込んだ。

海はもちろん足が届かない深さだった。数m沈んでからそのまま浮かび上がってくると、十秒前まで火傷しそうなほど熱せられていた身体が急激に冷やされ、滞っていた血流がドバーっと開くようで、海に浮かびながら笑いが止まらなくなった。これはランナーズハイに近いかも。

次に水から上がると、今度は冷えすぎで全身がジンジンと痛くなる。それを耐えて乗り越えると、最後にはなんともいえないジワジワとした快感が訪れる。これはやみつきになる〜！

再びサウナ室に戻り、ロウリュ&アウフグ

ース10分、フィヨルドへのダイブ、甲板でチルアウトを合計4セット繰り返すと、全身がポカポカになり、脳がビカァっと覚醒した。今日のところはこれで十分だ。十分すぎるほどトトのった。

　それにしても一国の首都、大都市に面した海が泳げるほど透明というのは素晴らしい。東京湾とは全然違う！　同席したお客から聞いたところでは、20世紀中頃までは海水が汚染されていたが、早くから水質保全活動を行ってきたことで、21世紀初頭には泳げるほどに水質が改善された。そして、海に面したサウナはほんの数年前に始まった新たなトレンドとのことだ。なるほど、タンペレのようにサウナが伝統という訳ではなかったのか。そうだとしても、大都市にいながらにして、フィヨルドにダイブ出来るサウナを楽しめるなんて、世界広しといえどオスロだけじゃないだろうか？

オスロワールドの昼間の会場となったバーでは、生クラフトビールの種類がこんなにたくさん！

SDGsなオスロワールドと地元シーフード

国籍性別バラバラな50名のディベート&ブレインストーミング

2019年10月30日水曜、コック・オスロから宿へと戻った僕を待っていたのは「ユートピア宣言」と題されたオスロワールドのプログラムだった。

オスロワールドはワールドミュージックのフェスティバルであると同時に、世界中から集まった音楽関係者（内訳はEU諸国やロシア、イラン、レバノン、インド、中国、日本からのフェスティバルのオーガナイザーやジャーナリスト、アーティスト、DJなど約50名）によるパネルディスカッションやディベート、ワークショップなども重要なプログラムとなっていた。

国籍も年齢も性別もバラバラの僕たち50人は、各6〜7人の8つのグループに分けられた。そして、与えられた下記の8つのテーマを各グループが15分ずつディベート&ブレインストーミングしてまとめることとなった。

その8つのテーマとは、

1　性別の平等な世界
2　セクハラのない世界
3　性別やセクシャリティに基づいた差別のない世界
4　人種差別のない世界
5　宗教や文化に基づく差別のない世界
6　財政状況や階級に関係なく、全ての人が芸術と文化を利用出来る世界
7　障害に基づく差別のない世界
8　サイジズム（体格差別）とボディシェイミング（容貌批判）のない世界

である。

要は日本でもよく言われる「SDGs（Sustainable Development Goals）＝持続可能な開発目標」である。それを音楽フェスティバルでどのように実践出来るか。テーブルは8つあり、グループごとに指定されたテーブルに着き、テーブルの上に敷かれた大きな紙に書かれた一つのテーマを元にして、全員でディベート&ブレインストーミングし、15分後にその成果を紙の片隅に書き、次

オスロワールドのパネルディスカッション。一番左が総合プロデューサーのアレキサンドラさん。

のテーブルへと移動する。これを8回繰り返すのだ。
多くの場合、リベラルな音楽業界の人間が考えることはほぼ一緒だが、参加者は国籍も文化も多岐にわたるため、新たな見識が飛び出すこともある。
僕たちのグループからは、
*障害者向けのユニバーサルアクセスを会場に用意する
*出演者と雇用者を性別平等に採用する
*性別の曖昧なトイレを用意する
*性的な広告を排除する
などが挙がった。
音楽フェスの現場で出演アーティストやマネージャー、ローディー、サウンドエンジニア、更にアーティストのアテンド係、プレス担当、会場警護、会場設備担当に至るまで、男女およびLGBTQバランス（更に人種バランスまで）が問われるなんて、日本にいるだけではとても考えが至らなかったが、実際にオスロワールドは出演者およびスタッフの性別バランス、人種バランスの平等化に成功しているように見えた。僕たちが共同で作った「ユートピア宣言」は後日オスロワールドのウェブサイトで発表された。

日本から民謡クルセイダーズ参上！

その晩はオスロ市内の複数の会場で行われたライヴをはしごした。

スペインの天然系シンガーソングライターのSilvia Cruz Perez（シルビア・クルス・ペレス）は「スペインの矢野顕子」とでも呼ぼうか？　歌っている一瞬一瞬が楽しくて仕方ないらしく、ギター一本の弾き語りにも関わらず、まるでジェットコースターのようなスリリングなステージを披露してくれた。

90年代にアラビックポップと世界的なベリーダンスのブームを牽引したNatacha Atlas（ナターシャ・アトラス）のニューアルバムお披露目公演にはモロッコのシンガーソングライター、Hindi Zahra（ヒンディー・ザハラ）が飛び入りし、妖艶なデュエットを聞かせてくれた。

深夜過ぎにはオスロワールド事務局の一階にあるバーで北極圏の先住民サーミ人の女性ＤＪユニット、Saami Collective（サーミ・コレクティヴ）によるサーミ伝統音楽を元としたエレクトロ

民謡クルセイダーズのヨーロッパ・ツアー初日は大成功。ボーカルのフレディさんが他の国のアーティストたちを見て「世界中どこにも僕たちと同じことを考えてる人がいるんだなあ……」と。ええ、世界中、それぞれの民謡を現代の音にするために楽しくもがいているアーティストたちばかりです。

ニック音楽のＤＪパーティーも開かれた。サーミの詠唱ヨイクは日本のアイヌの詠唱ウポポと似て、北国の厳しい自然や動物を模している。

今回、僕が一番注目していたのは、11月1日木曜夜に登場した日本のグループ、民謡クルセイダーズだった。オスロワールドは彼らにとってヨーロッパでの初ライヴだった。

定刻前にジャズクラブ『ナショナルジャズシーン』に到着すると既に２００人ほどの観客が入っていた。

現地在住と思しき日本人もちらほら。10人のメンバーがステージに登場し、ラテンのリズムがスタートした

瞬間から、オスロ子たちはガンガンに踊り始めた。すると、少々緊張気味に見えたメンバーの顔に笑顔が浮かび、演奏はどんどんグルーヴィーに弾けていく。事前にアルバムを聴いていた人も多かったらしく、串本節やおてもやん、炭坑節、会津磐梯山などはイントロが始まった瞬間に歓声が上がり、印象的なブラスのリフや「アラヨ〜イ」、「ヨイサ〜」などの掛け声、そして盆踊りの振り付けを真似る人までいた。メロディーはノルウェーから遠い日本の民謡でも、クンビアやブーガルー、マンボなど、ラテンのリズムに乗れば、世界の誰もが楽しめるものになる、それを実感した。

　民謡クルセイダーズはこの後、ドイツやデンマーク、オランダ、イギリス、スペインなど、2週間弱で8箇所を回ることになっていた。彼らの初ヨーロッパツアーの成功は確信できた。

北海道を思わせるノルウェーのシーフード

　さて、忙しいオスロワールドの隙間を見つけて、地元料理を食べにくり出そう！　目指すは宿

フィッシャー・ヤングスクエアの冷蔵ケースには茹で海老に帆立貝、そして泥蟹の爪まで

ベルゲンのフィヨルドで養殖した小ぶりな牡蠣。大好物！

から徒歩30秒、ヨングストリゲ（青年市場）に面したお店『Fiskeriet Youngstorget（フィスケリエト・ヨングストリゲ＝フィッシャー・ヤングスクエア）』。ここは全面ガラス張りで、前を通る度に、美味そうな牡蠣や蟹や海老や帆立貝、鮭の切り身などが巨大な冷蔵ケースに入って陳列されているのが外から目に入っていた。ノルウェーの主要産業は水産業だし、北海道の釧路を思い出す北の港町オスロに来て、魚介を食べずに帰るわけにいかない！

まず生牡蠣を半ダース注文した。２４０クローネ＝約３１００円。ノルウェーでは外洋のノルウェー海に面した町ベルゲンで牡蠣の養殖が行われているが、生牡蠣は地元ではあまり食卓には上らないと聞いた。日本でも生牡蠣よりも火を通した牡蠣フライのほうが主流だしね。この日の生牡蠣は丸く小さいもので、レモンの切れ端と刻みタマネギを入れた赤ワインビネガーが付いてきた。味は小さいながらもミルキーで、半ダースはチュルッとあっという間に食べてしまった。

続いては蟹を行こう！　冷蔵ケースには茹でて甲羅が赤くなった直径18㎝ほどの泥蟹の種類が鋏と胴体を切り離されて並んでいた。当然、頼むなら肉の詰まった鋏部分だ。蟹の鋏を6本、黒胡椒と豆鼓炒めにしてもらった。値段は２８０クローネ＝約３６００円。オスロは世界で最も物価の高い都市だが、１kg近くも蟹の鋏を使った料理がこの値段で食べられるなら、蟹に関してはかえって安いかも？　赤唐辛子と豆鼓、オイスターソースで甘辛く味付けた蟹の鋏をバキバキと割りながら、噛み付くと、蟹の濃厚な甘さが口の中で広がった。しかし、豆鼓炒めは中華料理では？　本来のノルウェー料理ではどんな味付けなのだろうか？

オスロ市内の食品市場とフードコートが一体化した人気スポット、マートハーレン。寿司、イタリア食材、熟成肉や和牛、チーズ、加工肉、オーガニック野菜などが美しく並んでいる。

そして、メインにはフィスクシュッペ＝フィッシュスープと呼ばれるノルウェーの名物料理を頼んだ。要は鮭とムール貝のクリームシチューだ。これは２００クローネ＝２６００円。これは確かに鮭もクリームも高品質で美味しいが、日本で作ったら半額以下ではないか？　うーん、これだけではノルウェー料理の全体像、現代像がつかめないので、翌日は今どきのファインダイニングレストランを訪れることにした。

新北欧料理『コロニーハーゲン・フログネル』

『Noma』の遺伝子を引き継ぐ新北欧料理

２０１９年11月2日土曜、オスロに着いて5日が経ったが、毎日、朝から深夜までオスロワールドの取材で忙しく、本格的なレストランには一度も行けていなかった。宿泊していた宿の朝食ブッフェがあまりに充実していたので、昼食や夕食はサンドイッチや宿の軽食ブッフェで十分だったせいもある。しかし、一度くらいはイケてるレストランに行って、今どきの「新北欧料理」を食べたい！

幸いこの日は午後と深夜に見逃せないライブがあるものの、夕方は予定が空いていた。そこでインターネットでオスロのグルメ情報を調べ、人気レストラン『Kolonihagen Frogner（コロニーハーゲン・フログネル）』を予約した。インターネットで調べると、ここは、オスロにあるミシュラン三つ星のレストラン『Maaemo』の元スタッフが新たに始めたお店で、デンマーク・コペンハーゲンの『Noma』のシェフ、レネ・レゼピが提唱する「新北欧料理」をお手頃価格で提供しているという。

「新北欧料理」は北欧におけるフードマイレージの少ない食材、オーガニックな食材に、現代のヘルシー志向に見合ったグローバルな食材や調理法を組み合わせた料理を指す。ベリーやキノコやトウヒ、鮭や鱒、トナカイなど北欧のローカルな食材と、オリーブオイルや麹、ナンプラーやガラムマサラなどのヘルシーなグローバル食材を組み合わせるのが特徴。「北欧の地産地消フュージョン料理」と言おうか。さて、夕方まで外出してお腹を空かせておこう！

美術館の床に腰掛けて聴く砂漠のブルース

午後は宿の近くの停留所から市バスに乗り、西に10㎞行ったフィヨルドに面した『ヘニーオンスタッド美術館』を訪れた。ここは4000点以上の現代美術を収蔵し、草間彌生の作品も常設展示されていたが、僕の日当てはあくまで音楽。西アフリカ・ニジェールのサハラ砂漠地域に暮らすトゥアレグ人のギタリスト、オマーラ・ボンビーノ率いる「砂漠のブルース」バンド、Bombino

ヘニーオンスタッド美術館の室内にて、トゥアレグ人の砂漠のブルースバンド、ボンビーノのアコースティックコンサート。観客のうたた寝率高し。

（ボンビーノ）のアコースティックコンサートだった。

午後2時前に到着すると、床も壁も真っ白な写真展示室の床一面に中東のカーペットが敷き詰められ、その奥に4つのパイプ椅子と簡単な音響セットが組まれていた。カーペットの上に腰を下ろしていると、いつのまにかお客が150人ほど集まった。開始時間になるとアナウンスもなく、ボンビーノと3人のメンバーがするっと現れ、パイプ椅子に腰掛けた。そしておもむろに2人のパーカッショニストがリズムを叩き、ギタリストが生ギターを爪弾き、ボンビーノがボソボソ声で歌い始めた。

実は彼らは前年もオスロワールドに出演したが、コンサートの途中で漏電事故が起き、電気が止まってしまった。その後、彼らは電気を使わずに演奏を続け、コンサートを終わらせた。そのときのアコースティック演奏が予想外に素晴らしかったため、今度はあえてアコースティック・コンサートでの再出演を依頼したのだそうだ。

確かに週末の午後、フィヨルドと現代美術に囲まれた環境で聴くアコースティック版砂漠のブルースは音のぬるま湯に浸かっているようで、実に気持ち良かった。床のカーペットに寝そべりながらうたた寝を始めたお客さんも目立った。

コロニーハーゲン・フログネルで新北欧料理を堪能

午後4時前、再びバスに乗って宿まで戻り、今度はトラムに乗り換えて、市内西部のフログネル地区へ。5時ちょうどにコロニーハーゲン・フログネルに到着した。細い路地に低層階建ての古い建物が並び、その隙間が中庭のように奥まった所にコロニーハーゲン・フログネルを見つけた。白い壁、黒い窓枠と柱がいかにも北欧デザインの木造2階建てで、広いガラス窓からオレンジ色の灯りが漏れている。入り口で名前を告げると、一階のキッチンカウンター横の2人席に通された。

メニューは月替りでパンや前菜、魚、肉料理、チーズ、デザートなど全9種類のみ。そこから4品のコース、または、全品のテイスティングメニューを選ぶ。

ちなみにテイスティングメニューは600NOK、当時のレートで7、800円。そして料理に合わせた5杯のペアリングワインも600NOK＝7、800円。もちろん両方とも行くでしょう！

一杯目、アルザスのリースリングとともに最初に運ばれてきたのはアミューズの「牛タンとホースラディッシュ」、そして発酵バターがたっぷりのったサワードウ・ブレッド。牛タンはハーブとともに煮てから、冷やしてあり、1㎝ほどの厚切りにしたものが2切れ、そこにホースラディッシュのペーストとカイワレ菜がのっている。サワードウ・ブレッドに牛タンの冷菜をのせたオープンサンドイッチは北欧料理の定番でもある。

続いて前菜が二種類。「ビーツと山羊のチーズ、トマト、スプラウトのサラダ」。そして「軽くスモークしたオヒョウのサシミ、ジャガイモのワッフル、サワークリーム、紫玉ねぎのピクルス添え」。これは美味い！　泥臭さと甘さが特徴のビーツに、少し酸っぱくて独特の臭みのある山羊のチーズの組み合わせはまさにカウンターパンチのようにお互いの欠点を打ち消し合い、お互いの強い旨味を引き出している！　そしてトマトとスプラウト、薄切りのマーブルビーツがシャキシャキの食感と味の逃げ場を足している。オヒョウは伝統的には甘酸っぱい酢漬けにするはずだが、ここでは生のまま（メニューには「サシミ」と書かれていた）ほんの少しだけスモークして、酸っぱいピクルスやハーブのディルを添え、すりおろしたじゃがいもをカリカリに焼いたワッフルにのせている。オヒョウはカレイ科の巨大な魚で、日本では回転寿司で回っているエンガワとして一般的。カレイやヒラメ同様に旨味が強いので、刺し身にしてピクルスと合わせて不味いわけがない！

日本の洋食や中華料理に寄せすぎ？　もっと北欧らしさを！

サヴニエールというフランス西部ロワール川沿いのミネラルの強い白ワインとともに温かい野菜料理が二種類。「ローストしたブロッコリーにじゃがいものムースと松の実添え」、「フライドカリフラワーのホースラディッシュと香菜添え」だ。ブロッコリーもカリフラワーも元々、中東や地中海地域の野菜、北欧では比較的新しい食材ではないだろうか。どちらも今ではローカーボダイエットにおいてお米の代用品にされるほど人気が高い。フライドカリフラワーはクリスピーな衣にホクホク熱々のカリフラワーが隠れていて、見た目も味も日本の洋食屋で出てくるフライにそっくり。レモンを搾って、ホースラディッシュの効いたタルタルソースに付けていただくのだから、なんとなくミックスフライ定食を食べている気分になった。

3杯目のワインはまたまたフランスから、ブルゴーニュのオート・コート・ド・ボーヌの白。メインの魚料理は鱈の切り身を薄切りのじゃがいもにのせ、クランブルをふりかけてオリーブオイルでコンフィーのように煮て、そこにサワークリーム、ベビーリーフ、仕上げに鮮やかな色のグリーンハーブオイルをかけてある。クリーム色と鮮やかな緑がいかにも新北欧料理らしい。柔ら

軽くスモークしたオヒョウをカリカリのじゃがいものワッフルにのせて、ピクルスやディルを添えて。伝統的な魚の酢漬けを現代的にアップデートしてる。

鱈のオイル煮。じゃがいものクランブル、サワークリーム。ここでもグリーンハーブオイルを回しかけてる！

かく火を通した鱈の味がじゃがいもにも浸透し、ハーブオイルが爽やかさと苦味というコントラストを足している。そう言えば、味付けこそ異なるが、鱈とグリーンハーブオイルという組み合わせの料理を南インド・チェンナイの人気フュージョンレストラン『Avartana』で食べたことがある。今の時代、世界のどこに行っても優秀な料理人は同じような料理の風景を夢見ているということか。

やっとメインの肉料理までたどり着いた。イタリアのトスカーナの赤ワイン、ロッソ・ディ・モンタルチーノとともに運ばれてきたのは「豚首肉、人参とマッシュルーム煮込み」。しかし、これは中華料理の豚の角煮そのままだった。地元産の豚肉を醬油と八角で煮込むのはノルウェー人にとっては非常にエキゾチックなアイディアかもしれないが、日本人の僕にとっては醬油がキツく、しょっぱすぎたのも含めて、ありがたみはないなあ。メインくらいはもう少し伝統的な北欧料理に寄せて欲しい、というのが勝手な外国人からの意見だ。

さて、最後にポートワインとともに運ばれてきたのは、地元産ブルーチーズと山羊のチーズにイチジクのジャム添え、そして、黒スグリの葉のアイスクリームにアップルクランブル。朝食ブッフェの回でも書いたが、ノルウェーは知られざるチーズ大国だった。ブルーチーズや山羊のチーズ、そしてノルウェーにしか存在しないブラウンチーズもジャムを付けてクラッカーに付けて頰張れば、デザートにもスナックにもなる。チーズ好きの僕にはノルウェーのチーズの美味さはうれしい発見だった。

夜はオスロワールドの最終公演。砂漠のブルースの帝王、ティナリウェン！　サイケデリックな砂漠の音を北欧まで運んできた。まさに王者の風格！

さて、時計を見ると既に午後8時、お腹はちょうど良く満腹だ。新北欧料理研究はここまでにして、そろそろ夜の会場に向かい、この年のオスロワールドの最終公演となる砂漠のブルースバンド、Tinariwen（ティナリウェン）のライヴを観なければ！

プラツキ・ジェムニアチャネ　ポテトパンケーキ

材料：作りやすい量

じゃがいも………250g
玉ねぎ………1/2個（100g）
（お好みで増減）
青ネギ………２～３本
（お好みで増減）
卵………１個
小麦粉………1/2カップ
塩………少々
胡椒………少々
オリーブオイル………大さじ１～３
（お好みでラードでも）
スモークサーモン………適宜
サワークリーム………適宜
ミニトマト………適宜
スペアミントやディルや
イタリアンパセリなど………適宜
ビーツのすり下ろし
………適宜（省略可）

作り方

❶じゃがいもは皮をむき、チーズおろしですりおろす。玉ねぎも同様にすりおろす。

❷ボウルにじゃがいも、玉ねぎ、みじん切りにした青ネギ、卵、小麦粉を入れ、塩胡椒で調味する。

❸フライパンにオリーブオイルをひき、火にかける。フライパンが温まったら、お玉やスプーンを使って２の生地を流し入れ、片面に焼色が付くまで火を通してから裏返す。中まで火が通り、両面に焼色が付いたら、取り出し、お皿に並べる。

❹表面にサワークリームをぬり、スモークサーモンをのせ、ミニトマトの輪切りやビーツのすり下ろし、スペアミントなどのフレッシュハーブで飾り付ける。

第4章

コートジボワール／ティラピア三昧

西アフリカへの遠い道のり

アフリカに来ないか?

「来年の3月にアフリカに来ないか? アフリカ中の新しい音楽やダンスのアーティストが出演するフェスティバルの主催者に君のことを紹介しておくから」

前章で取り上げたオスロワールドの最終日、6日間一緒だったロシア人の音楽ジャーナリスト、サシャからそう誘われた。サシャは人懐っこい顔つきとロシア人らしい熊のような巨体の男性。歳は聞いていないが、50代前半くらいに見える。若い頃にモスクワを離れ、ドイツ、フランスでの生活を経て、15年ほど前から西アフリカを拠点にし、現在は住所不定のままイギリスBBCやその他のヨーロッパのテレビやラジオ局のためにアフリカ文化のコーディネーターをしている。

アフリカかぁ……アフリカ音楽はもちろん大好きだし、これまで北アフリカのモロッコやエジプトやチュニジアは何度も訪れてはいた。しかし、サハラ砂漠以南のいわば本当のアフリカはまだ訪れたことがなかった。それに正直言うと、行こうと考えたこともなかった。入国のためのビザを取るのすら大変そうだし、未舗装の道をオンボロバスで何時間も移動するのも嫌だし、何よりも、僕が音楽と同じくらい大好きな美味い飯がなさそうだし……。

「もちろん、行きたい……。でも一体、アフリカのどこ?」

「コートジボワールのアビジャンだよ。二年に一度のアビジャン舞台芸術祭「MASA」が2020年の3月に開催されるんだよ。主催者のヤクバ・コナテは僕の古い友人だし、ヨーロッパやアメリカからはジャーナリストが沢山来るんだけど、日本からの音楽ジャーナリストが来てくれたら彼も喜ぶよ」

コートジボワール！　フランス語で「象牙海岸」を意味するこの西アフリカの国について、僕が知っていることは片手で数えられるほどだ。世界一のカカオ産出国で、コーヒーや天然ゴム、更に原油も産出すること。「西アフリカの優等生」と言われる経済成長国であること。最大の都市アビジャンには西アフリカ諸国や内陸国の生産品を輸出する西アフリカ最大級のアビジャン港があることなどだ。しかし、音楽となると僕はこの国についてほとんど知らない。

音楽が盛んなアフリカの国というと、西アフリカではマリやセネガル、ナイジェリアにガーナ、

2019年11月にオスロで6日間一緒に過ごした西アフリカ住所不定のロシア人音楽ジャーナリストのサーシャと。

アフリカ中部ならコンゴ、南部なら南アフリカやジンバブエ、東部ならエチオピア、ケニア、タンザニアなど。コートジボワールの名前はなかなかあがらない。

「MASAにはアフリカ全土のアーティストが集まるんだ。世界中で知られているような大御所は少ないけれど、MASAに出演して、その後ワールドワイドにデビューするアーティストも多いんだ。つまり、未来のアフリカ音楽のアーティストが観られるんだよ。それにアフリカ旅行は思っているほど大変じゃないよ。清潔度はちょっと前のカンボジアやミャンマーやインドの田舎と同じくらい。フランス語が話せるなら全然問題ないよ。今回を逃すと次回は2022年と随分先になってしまうから、ぜひ考えてくれよ」

未来のアフリカ音楽を堪能出来る二年に一

度のチャンス？　そう言われると、ここでコートジボワールへ行かなくてどうする？　という気持ちになってきた。

アビジャン舞台芸術見本市MASA

オスロから帰国してしばらくたった12月下旬、サシャから「MASAに来る気になったかい？」と連絡が来た。そこで調べるとMASAとは「Marché des Arts du Spectacle d'Abidjan（アビジャン舞台芸術見本市）」の頭文字。第11回が2020年3月7日から14日まで、8日間に渡って開催される。プログラムは音楽だけでなく、ダンス、演劇、スラムと呼ばれるポエトリー・リーディング、コメディー、ワークショップなど多岐にわたり、アフリカ大陸及び世界49カ国から約190組のアーティストが出演する。

出演予定の音楽アーティストをチェックしたが、僕が知っているのはマリ人のコラ奏者Ballaké Sissoko（バラケ・シソコ）とフランス人のチェロ奏者Vincent Segal（ヴァンサン・セガール）のデュオだけだった。しかし、逆に知らないアーティストを一度にそれほど沢山観られるのはすごいチャンスだ。一日に一組でも発見があれば、8日間で8組の発見がある！　それだけで僕には十分な成果となる。

「行くことに決めたよ！」

マリの吟遊詩人でコラ奏者のバラケ・シソコとフランス人の奇才チェロ奏者ヴァンサン・セガールのデュオ。

「良い判断だ。主催者のヤクバに伝えておくからプレス申請を進めてくれ。メリークリスマス、そして、良いお年を!」

「サシャも良いお年を。美味い日本酒を持っていくからアビジャンで乾杯しよう!」

そう答えたものの、いつもの中東やアジア、ヨーロッパへの出張と比べると、アフリカ渡航はハードルが猛烈に高かった。

果てしない渡航準備と次々と消えていくお金、そしてコロナ禍の始まり

まずコートジボワールに入国するには事前にビザを申請せねばならない。調べると、数年前からインターネット上で申請出来るE-Visa形式となっていた。様々な必要書類

を揃え、指定のウェブサイトからアップロードし、クレジットカードで75ユーロを支払うと、数日後に承認書がメールで届く。それをプリントアウトし、到着したアビジャンの空港でビザのオフィスに持ち込むと、その場でビザをを発行してくれるらしい。昔と比べると随分と楽になったそうだ。しかし、Ｅ－Ｖｉｓａを申請するためには用意せねばならない書類がいくつもあるのだ。

鶏が先か、卵が先か……？

　まずはパスポートの個人情報ページのスキャンデータ、これはどこの国に行くにも必要なので、クラウドストレージに常備してある。次にMASAから発行してもらう推薦状と現地で宿泊するホテルの予約証明書。既に年の暮れも押し迫り、クリスマス直前になっていたが、取り急ぎMASAのウェブサイトからプレス申請した。しかし、年が明けて新年の休暇を終えても、全く返事が来なかった。そこでFacebook上のMASAのページから確認のメッセージを送ると、「貴方の申請は通っています。今週中に必要書類を送ります」とすぐにフランス語で返事が来た。実際に届いたのはそれから二週間後の1月下旬だったが、受け入れてくれることがわかったので、次に出来る準備を進めることにした。

　今度は貯めていたＡＮＡのマイルを使って羽田～上海～アジスアベバ～アビジャンのエチオピア航空ビジネスクラスの無料特典航空券を予約した。通常、西アフリカに行くにはパリやベルギーなどヨーロッパの都市を経由するのが一般的だが、南回りのエチオピア航空を使うと、往路は24時間かからずにアビジャンに到着するのだ。この頃、既に武漢ではコロナウィルスが蔓延し始めていたが、乗り換えで上海の空港を使うだけなら問題はないだろう……この判断が後にさらなる一手間を増やしてしまった！

次は西アフリカ諸国の多くの国のビザに必要な黄熱病予防接種証明書、いわゆる「イエローカード」。これも難関だった。東京と横浜には黄熱ワクチンを打ってくれる検疫所と病院がたったの4箇所しかないのだ。しかも1月中旬に電話すると、「予約が一杯で、早くて一ヶ月後の2月中旬です」との返事。4箇所に電話して、一番早い2月18日という日程を提示してくれた東京検疫所を予約した。

2月18日にお台場テレコムセンターにある東京検疫所に行き、接種の際に渡航先を伝えると「コートジボワールはアフリカ髄膜炎ベルトと言われる危険地域に一部入っています。黄熱病だけでは心配です。髄膜炎、A型肝炎、風疹、T-Dap（破傷風、ジフテリア、百日咳の混合ワクチン）の予防接種も受けて下さい」と説得され、紹介された近くにあるクリニックで追加4本の予防接種を受けた。医療保険外なので合計で7万4千円もかかった。チャリーン！　ああ、アフリカは遠いなあ……。

最後に銀行口座の英文残額証明書、これはみずほ銀行の西荻窪支店に行き窓口で申請して、30分ほどで用意してもらえた。しかし、これもA4プリント一枚でなんと880円もした。チャリーン！　日本の銀行は色々とボリ過ぎだよ。ちゃちなフォーマットだから、捏造だって簡単に出来る時代なのに……。

この時はまさか８日間ずっとアオティラピアを食べ続けることになるとは想像もしていなかった。

MASAの子供向けプログラムに集まる地元の小学生たち。「そこの日本人、オレの写真を撮れ！」とうるさい。

こうしてコートジボワールのE－Visa申請に必要な書類が全て揃った。サイトから書類をアップロードし、E－Visa料金の75ユーロを支払う。チャリーン！　おかげで二日後には承認書が届いた。

よし、後は当日の長い長いフライトに耐えるだけだ！　と思っていたら、まだまだ事件は続いた。2月下旬、急速に広がるコロナウィルスの影響で羽田から上海行きのフライトが減便になったのだ。当然、僕が予約していた便もキャンセルとなってしまった。そこで、上海経由からソウル経由のエチオピア航空便に変更してもらったものの、その後、今度は西アフリカのいくつかの国が韓国と中国からの飛行機で到着した旅客を二週間隔離する措置を取り始めた。いつコートジボワールが同じ措置を始めてもおかしくはない。もはや中国や韓国経由の便は諦めるしかない。出発6日前の3月1日になって予約していた特典航空券をキャンセルし、新たにパリ経由のエールフランス便を買い直した。するとプレミアムエコノミーが29万円……。チャリーン！　本当にアフリカは泣けてくるほど遠いんだぁ……。

酷暑野外のオープニングから夜のフェス飯屋台へ

夜のアビジャン空港はむせ返るような暑さ

２０２０年3月7日金曜夜22時、コートジボワールのアビジャン・フェリックス・ウッフェ・ボワニ国際空港に到着した。新型コロナウィルスの影響でガラガラだった成田空港からエールフランスで13時間かけてパリに飛び、そこから更に6時間のフライトでアビジャンにたどり着いたのだ。

パリのシャルル・ド・ゴール空港も成田空港同様にガラガラだったが、アビジャン行きの飛行機はほぼ満員だった。アビジャン到着後は入国審査の前に臨時の検疫のブースが作られ、白衣に医療用のマスクとゴーグル、ビニール手袋をした係員たちが旅客の一人一人の額の熱を測り、それを書類に書き込んでからやっと入国審査の運びだ。一時間半もかかって入国を済ませ、荷物を受け取り、出口に向かうと、MASAのプレートを持った若い女性が立っていた。

「アビジャンへ、MASAへようこそ。ホテルまで車を用意しています」

空港から出ると、むせ返るような暑さ。夜なのに27～8度はありそうだ。真冬の東京から来たので、身体を合わせるのが大変だ。ジャケットを脱いでTシャツ姿になりたいが、東京の検疫所で「半袖になってはいけません！　蚊に刺されるとマラリアの危険があります」と念を押されていた。

ホテルの車を待つ間にMASAの係員から、同じ飛行機でパリから到着した背の高い年配のフランス人男性ドミニクさんを紹介された。

「私はジャーナリストだが、70歳の今は隠居の身さ。しかし、若い頃から西アフリカ諸国と縁があり、セネガルのダカールに暮らし、40歳を過ぎてからフランス語のアフリカ社会派雑誌「Jeune Afrique（若いアフリカ）」の編集長を務めた。隠居した今もアフリカの政治や社会、文化について執筆しているんだ。MASAに来るのは三度目だ。君はサブサハラ（サハラ砂漠以南のアフリカ大陸を指す言葉、北アフリカ以外のアフリカ全土が含まれる）は初めてかね。それならアビジャンは理想的な入り口だよ。なに？　マラリアの蚊？　今は乾季だからそんなのいやしないさ」

ホテルはアビジャンの行政機関が集まるプラトー地区にあり、空港からはたった15分の距離。ド

今回の旅の仲間のドミニクさん。1960年代はスウィンギング・ロンドンに憧れ、毎週末ロンドンを訪ねていたという。

ミニクさんの身の上話を聴いていているうちにいつの間にか到着してしまった。
　1962年にアビジャンで最初に建ったという三ツ星ホテル『Le Grand Hotel（ル・グランドテル）』にチェックイン。ダブルサイズのベッドが置かれた部屋は狭くもないが、広くもなく、テラスからは広い中庭が見えるだけの殺風景な三ツ星だ。そして冷房の初期設定温度は17度……。荷物を広げ、シャワーを浴び、ベッドに横になると、時刻は3月7日の午前1時すぎ。日本との時差は9時間なので、日本は朝の10時か。自宅を出たのが前日の午前6時前だったから、ここまで28時間かかった。フ〜お疲れ様でした。

特に何も起きないグランドオープニング

3月8日土曜、本日からMASAがスタートだ。午後2時からアビジャンの北に広がるベッドタウン、アボボの市役所前広場で行われるパレードがグランドオープニングとのことで、午後1時半にドミニクさんと一緒にタクシーに乗り、アボボに向かった。

プラトー地区はフランスが植民地時代に統治府を置いた場所で、現在も銀行や役所、警察、教会などの大きな建物やオフィスが並ぶ。しかしこの日は週末なので人がほとんど出ていない。10分ほどでプラトー地区を抜けると、庶民的なエリアが広がっていた。道路の両側の丘陵に沿って色とりどりの掘っ立て小屋が立ち並び、それ以上にカラフルな服を着た沢山の人、人、人が路上にあふれている。狭い小屋の中に快適な居場所はないだろうから、とりあえず仲間とつるんで路上に出ているのだろう。どこかムンバイのスラムを思わせるが、路上の人々が楽しそうにニコニコしているのがムンバイとは決定的に違う。タクシーは路上の人々をすれすれで交わしながら時速100㎞近く出して、ぶっ飛ばしていく。僕はそんな風景がなんだか可笑しくて、車内で声を上げて笑いだしてしまった。アフリカには人を陽気にする不思議な力があるようだ。

アボボ市役所前の大きな広場では、中央奥にステージが組まれていたが、来賓のためのテントと椅子はステージから100m以上離れていた。そのテント内にはオシャレな民族衣装やスーツ

アボボ市役所前広場の陽気なガードマンたち。

でビチっと決めたアフリカ人たちと暑さでヨレヨレとなった軽装のヨーロッパ人たちが数十名、既に陣取っていた。え、ステージからこんなに遠くて本当にいいの？

それにしてもお昼時は暑い。ちょうど通りかかった物売りからビニール袋入りの飲料水を買って、ドミニクさんにも1袋渡すと、「その水は衛生的ではないので、飲まないほうがいい」と諭された。ペットボトル以外の飲料水は飲んではいけないらしい。

開始予定時間から一時間過ぎた3時過ぎ、アフリカ大陸で最も洗練されている太鼓と言われる東アフリカの国ブルンジの太鼓チームが登場し、ダンスを交えたアクロバットのような演奏を始めた。しかし、遠すぎてよく見えない。アフリカ人は視力が良いというのは本当なのかも。僕はテントから出て、5mくらいまで彼らに近づいて写真を撮影し、ビデオを回した。しかし、演奏はたったの10分で終了。その後は遠く離れたステージの上で、DJが甘ったるいアフリカン・レゲエを流すだけ。午後の日差しはとにかく暑いし、午後4時近くになっても次が始まりそうにないので、待つのを止めて、一旦、広場を後にした。

MASAのフェス飯屋台でサシャと再会

宿に戻り、シャワーと冷房で身体を冷やした後、ドミニクさんと再度合流し、タクシーでMASAのメイン会場となる文化宮殿へ向かった。文化宮殿は宿からラグーン（内海）を挟んで南側にあり、宿の南側の窓からは真正面に見えているが、道はラグーンを渡った橋を経由するので2㎞ほどの距離がある。

文化宮殿内のMASAプレス事務所でプレスパスと8日間の全プログラムが掲載された小冊子を受け取ると、どこか遠くから肉の焼ける良い香りが漂ってきた。さすがにお腹が空いてきた！

香りを辿って空っぽの野外ステージの脇を奥に進むと、野原にフジロックフェスのフェス飯ゾーンのように5〜6軒の屋台が並んでいた。どこも店頭に大型の炭火焼きグリルを置き、大きな魚と鶏肉をもうもうと焼いていた。屋台で働いているのはほぼ全員が女性。照明は暗いし、僕はアフリカ料理について何も知らなかったので、最初に話しかけられた屋台で鶏肉の炭火焼きとご

マキで頼んだ地鶏の炭火焼き、トマトとズッキーニのソース、ご飯の定食。

飯のセットを頼むと3500CFAフラン、当時のレートで約630円。そしてフランスのビール「カステル」小瓶が500CFAフラン、同じく約90円。ドミニクさんはご飯の代わりにフライドバナナを頼んでいた。

奥の芝生に並ぶテーブル席に腰掛けて待っていると、5分ほどで料理が運ばれてきた。鶏肉にはトマトソースとズッキーニを煮こんだソースがかかっていて、肉自体もトマトやクミンなどでマリネしてから焼いてあるようで、しっかり味が沁みている。取り立てて美味いわけではないが、シンプルな分、数日続いても飽きることはなさそうだ。しかし、地鶏を焼きすぎているので、肉は嚙み切れないほど固い。明日からは鶏のグリルではなく、もう少し柔らかそうな鶏の煮込みや魚料理にしよう。

毎日通うことになった夜のフェス屋台「マキ」。

「こうした屋台や庶民的な食堂のことを「Maquis（マキ）」と呼ぶんだ」とドミニクさん。

「それはフランス語でコルシカ島の低木地帯や、第二次世界大戦中にそこを活動拠点にしていたパルチザンを指す言葉ですよね？」

「そのとおり。こうした店の多くは鶏肉と魚以外に鹿やネズミや猿などの、低木地帯で狩猟したジビエ肉（英語ではブッシュミートと呼ばれる）を出しているので、植民地時代にここに移住してきたコルシカ人がマキと名付けたんだ。それが今もそのまま残っているんだよ」

ドミニクさんと話をしていると、僕にMASAを教えてくれた友人サシャが目の前に現れた。

「サラーム、本当にアフリカまで来たね！　ウエルカム！」

アフリカ一美しいと言われるブルンジの太鼓隊。

「サシャ！　遠かったし、コロナ騒ぎで大変だったけど、本当に来たよ。こちらはドミニクさん。アフリカ専門のジャーナリストです」

「着いて早々に良いガイド役と出会ったんだね。でも今夜からは音楽漬けだ！」

そこからはドミニクさんとサシャ、事情通のヨーロッパ人二人による西アフリカトークが始まった。そして、サシャがMASAのプログラム小冊子を元に、観るべき音楽アーティストを一人一人解説してくれた。僕はこれと同じような最新地元音楽トレンドのレクチャーを、この二ヶ月前には南インドのチェンナイの食堂でインド古典音楽通の友人から受けていたばかり……世界中どこに行っても、音楽オタクが繰り広げるデジャヴューの風景だ。

アフリカ音楽と舞踊、そしてティラピアの炭火焼き

何もかも予定どおりにいかない！

MASAの取材を3日続けた時点で、何もかも時間や予定通りに進まないことを理解した。プログラムの開始時間が遅れるのは当たり前で、予定時間に会場に着いても、2時間経ってからやっとリハーサルが始まったり、予定とは内容が変わったり、出演の順番も前後したり、更に会場も変わっていたりもするのだ。

「ここはアフリカだから」と言われてしまえばそれまでだが、今やトルコでもイスラエルでも、モロッコでもポーランドでも、音楽フェスティバルは予定時間どおりにスタートし、予定時間ど

おりに終了するというのに……。それでもMASAでは毎日すごいアーティストに出くわすから、朝から深夜すぎまで取材を止めるわけにいかないのだけど……。

3月9日月曜の午後3時、気温は摂氏34度と一日で最も暑い時間。僕は文化宮殿の野外の小ステージにコンゴ人女性のスラム歌手、Mariusca（マリウスカ）を観にでかけた。スラムとは地域の伝統的な語り芸が現代のラップを通過し、ヒップホップ的なトラックに乗った21世紀型の語り～ポエトリーリーディングのこと。ラップのように早口ではなく、ラップとは異なるスタイルのライムやフロウを追求している。ヒップホップ化した浪曲や狂言と言えば想像が付きやすいだろうか。

会場には時間どおり到着したが、音響スタッフのほか誰も現れない。30分待っても何も始まらないのでスタッフに尋ねると、彼女が野外会場を嫌がり、他の場所に移動したそうだ。しかし、代わりの場所を尋ねても、誰も知る人はいなかった。結局、彼女は後日、市内のドイツ文化センターの冷房が効いたホールで観ることが出来たが、この他にも、しばらく待ってみたもののあまりの暑さや時差ボケからくる眠さに負けて、待ちきれずに見損ねてしまったプログラムもいくつもあった。

アフリカの舞踊今昔

暑さから逃れるには、冷房がギンギンに効いた室内ホールに逃げ込めば良いことも学んだ。室内ホールでは主にダンスや演劇、スタンダップコメディーが行われていた。ダンスは宗教的な祭礼を舞台化したものから、アフリカの要素を取り入れたコンテンポラリーダンスもあって、ダンスの素人の僕にも十分に楽しめた。

西アフリカにはヴードゥーの元となったヴォドゥンという民間宗教が今も広く信仰されている。ベナンの舞踊団Cie Oshala（シー・オシャラ）は太鼓などの演奏家が8名ほど、ダンサーも10人以上の大所帯でヴォドゥンの儀式をステージ上に再現していた。儀式の途中で死んだ女性を、凝った衣装を着た神様が次々と現れ、蘇らせるというまさにゾンビ劇。火を噴く神様がいたり、カラフルなスカートを履いた若いアニキたちの神様がいたり、クライマックスには全てを飲み込んでしまう無定形の神様までが登場する。大所帯なので海外公演は難しそうだが、アフリカらしいエネルギーとカラーに満ちたグループだった。

伝統的なダンスだけでなく、コンテンポラリーなバレエも

ベナンの舞踊団 Cie Oshala。ヴォドゥンはリオのカーニバルなどにも影響を与えていることがわかる。

観ることが出来た。ブルキナファソのバレエ・デュオ、Cie Hakili Sigi（シー・ハキリ・シギ）は、鍛え上げた上半身裸の男性二人が動きをシンクロさせながら30分以上も全力で踊っていた。

屋台のティラピア炭火焼き

アフリカン・バレエを堪能し、室内ホールから出たところで、ドミニクさんに肩を叩かれ、前夜と同じ野外食堂マキへ行くことになった。文化宮殿にいる限り、食事はマキ

青ティラピアのフライ定食。白飯と玉ねぎのソース、野菜のソースをのせてもらった。

で食べるしかない。屋台は6軒あるが、どの屋台もメニューは鶏か魚だけ。調理方法も焼く、煮る、揚げる、だけ。なので、前夜と同じ店『Les Delices de l'Ouest（西の美味いもの）』にした。身が固い鶏は止めて、今度は魚の炭火焼きを選んだ。付け合せはご飯ではなく、ドミニクさんおすすめのフライドバナナの盛り合わせとキャッサバの粉を発酵させたクスクス状のアチュケを選び、更に焼き魚の上には玉ねぎとピーマンを軽く煮た酸っぱ辛いソースをたっぷりかけてもらった。これで全部で2500CFA、当時のレートで約450円と安い。

どのマキも魚は冷凍ものの青ティラピアのみ。淡水魚だが臭みは一切なく、日本人にはスーパーで売っている白身魚フライでおなじみの味だ。酢と生姜、玉ねぎ、にんにくなどを使ったマリネ液をたっぷり付けてから焼いているので、味がしっかりと付いていて悪くない。アチュケは酸っぱいクスクス。南インドの朝食に出てくる発酵したセモリナ粉を炊いたウプマーに似ている。フライドバナナはインドネシアなどでおなじみの味だが、揚げ油がキツくて沢山は食べられない。

マキの料理はフェス飯と考えればそこそこ悪くはないし、盛りだくさんの焼き魚定食と考えれば毎日食べ続けても飽きることはなさそうだ。バリエーションが少なすぎるのは問題だが、まあ、それくらいがフェスに集中出来てちょうど良いのかもしれない。トルコのように毎食美味い飯だらけなら、フェス取材なんて頓挫してしまうだろう。

庶民街トレーシュヴィルを歩く

10日は午前中からサシャに呼び出され、一緒に文化宮殿の南側に広がる庶民街トレーシュヴィルを散策した。僕が滞在していたプラトー地区はホテルや銀行やオフィスのビルディングが中心だが、トレーシュヴィルはモロッコ・ラバトの旧市街メディナかインドのラージャスターン州の地方都市のようなゴミゴミした低層造りの建物が立ち並び、一階には食材屋や材木屋、自動車修理店、理髪店や雑貨店などの個人商店が入っている。文化宮殿の近くにはモスクや小学校も建ち、大人や子供が集まっていた。

トレーシュヴィル地区のセネガル食堂小路の路上で、キャッサバを杵で突くお姉さん。

「これが本物のアフリカだよ。ここはセネガルやギニアやマリ、ブルキナファソなど、西アフリカ中から仕事を求めて移住してきた人々がそれぞれ分かれてコミュニティを作っているんだ。大都会の中に村があるようなもんさ。アビジャンの公用語はフランス語だけど、トレーシュヴィルの公用語は西アフリカで広く話されているジュラ語なんだよ」

文化宮殿のすぐ近くにマキが並ぶ、通称「セネガル食堂小路」があったので、ちょっと覗き込んだ。お店の前に座り込んで魚の鱗を落としたり、キャッサバを杵で突いているお姉さんたちがいて、東洋人が珍しいのか声をかけてきた。角の屋台には見たことのない動物の肉の部位や内臓の炭火焼きが売られていた。これがブッシュミートか。赤赤とした内臓や黒焦げの骨付き肉などかなり見た目は不気味だが、美味いものなのだろうか？

「この通りは１００ＣＦＡ～１５００ＣＦＡ（当時のレートで１８０円から２７０円）で食事が出来る。あまり衛生的でないけれど、どの店もすぐに売り切れてしまうほど人気で、店じまいしてしまうから早い時間を狙わないとだめだ。僕はここで昼飯を食べていくから、また後ほど、会場で会おう」

弦楽器クンデと結婚した覆面女性歌手

文化宮殿では、この日の午後3時半から若手アーティストたちによるショーケースライブが行われた。会場はレストラン屋台マキが並ぶ手前の野原。そこにぽつねんと置かれた古いプロペラ式の飛行機の前にステージが組まれていた。時間通りに着いたのだが、当然サウンドチェックも始まっていないし、観客はまだ僕一人だけだ。どうせ時間通りに来てしまう僕が悪いのだ……。

結局、ショーケースライブは予定の一時間半後に始まった。まだまだ個性を出せていない新人も多かったが、今まであまり聞いたことのなかったタイプのアフリカ音楽を演奏するアーティストたちも目立った。中でも「弦楽器クンデの女王」を自称するマリ人女性Kalam（カラム）は衝撃的だった。

網笠と覆面を被り、顔を隠したまま、三味線のような弦楽器クンデを弾き、左足で瓢箪製のパ

弦楽器クンデを操るマリの覆面女性歌手カラム。超絶グルーヴィー!

ーカッション、カラバシュをバスドラムのように蹴りながら歌うのだ。バンドメンバーが弾くクンデと彼女のクンデ、ドラムスと彼女のカラバシュがポリリズミックに重なりあい、モロッコの伝統音楽グナワとマリの狩人の歌が混じったようなトランシーな音楽だ。これはいい。後ろを振り向くと、野原の観客席はいつのまにか埋まり、立ち上がって踊り出す若者たちもいて、深夜の大会場以上に盛り上がっていた。女性が顔を隠すのはイスラーム教徒の既婚女性に伝わる習慣だが、彼女は音楽と結婚したこと、更に女性が演奏することが禁じられていた楽器クンデと結婚したことを示すために顔を隠しているそう。

圧倒されたトーゴのアフロ・デスメタル・バンド Arka'n。バンド名は「見えない世界」を意味し、この世とは違う世界の音楽を目指している。

ヴードゥー教デスメタルバンド

夜9時すぎ、突如土砂降りのスコールが降り、15分ほどでパタっと止んだ。すると湿度がぐっと上がった。今度はトーゴのアフロ・デスメタル・バンドArka'n（アルカン）を観るためトレーシュヴィル地区のど真ん中にあるライブハウスへ向かった。

到着した途端、アルカンの演奏がちょうど始まった。エレキギター、ヴォーカル、ドラムス、エレキベース、パーカッションの5人編成で、アメリカのリンキン・パークのようなオルタナティヴ・ヘビーメタルに、ヴォドゥン（ヴードゥー教）の儀式音楽に用いられるポリリズムをミックスしたアフリカ色が強いサウンドだ。メンバーは白いボディペインティングを施し、見た目もヴードゥー的。ファンキーなリズムとアフリカの複雑なポリリズムを使い分け、ギターが金切り声をあげ、デスボイスが喚き立てる。こんなアフリカ音楽があるとは想定外だった！　僕は昔からヘビーメタルだけは基本的に聞かず嫌いをしてしまっているのだが、こんなオリジナルな世界観を持つ彼らのことは一発で好きになってしまった。

彼らのマネージャーに聞いたところでは、アルカンというバンド名は「見えない世界」を意味するそう。目に見えない世界、この世とは違う世界の音楽を表現するというのは精霊信仰であるヴォドゥン＝ヴードゥー的だ。それにしても、ヘビーメタルは世界中どこに行っても、ある種、厨二病的とでも言いたいファンタジーの世界観を持つ。北欧のヘビーメタルはバイキングや反キリスト教と、インドでは古代のヒンドゥー神話と、ブラジルでは民間信仰のカンドンブレと、モンゴルではシャーマニズムなどと結びつくことが多い。

これまで普通の英米のヘビーメタルに全く興味を持てずにいた僕だが、彼らは即座に好きになった。それはちょうど普通のアメリカのジャズに全く興味を持てなかった僕が、ブラジルやイスラエルやアルメニアのローカルなメロディーやリズムを取り入れたジャズを知り、初めてジャズを好きになれたのと同じことだ。メタルファンの間では「ペイガン（異教）メタル」というサブジャンル名で呼ばれる、こうした世界の辺境のヘビーメタルを今後はもっと注目していこう。

朝食ブッフェのアフリカ料理とティラピア尽くし

朝食ブッフェにもアフリカ料理

今回はアビジャン・プラトー地区にある老舗三ツ星ル・グランドテルの朝食ブッフェを紹介しよう。外国人宿泊客が多い宿だけに、朝食ブッフェは当然コンチネンタル（西洋式）メニューが中心だ。パンやピザ、コーヒーや紅茶、牛乳やジュース、オムレツにソーセージやベーコン、サラダにフルーツ、ヨーグルト、そしてケーキなどが並んでいる。

アフリカらしい料理が何かないかと探すと、しいて言うなら煮豆料理がアフリカ料理だ。白いんげん豆をソーセージやベーコンの切れ端、唐辛子とともに煮込んだものや、ブラジルのフェイ

パイナップルやパパイヤは全然珍しくないけど、マンゴーが街の至る所に生えているなんて羨ましい！

ジョアーダやフェイジョンに使う黒い豆を少々の肉とともに煮込んだものは、他の国のコンチンタル式の朝食ブッフェでは見かけない料理だ。他にはクミンを効かせた羊や牛肉の肉団子を玉ねぎやピーマンと一緒に煮込んだものもアフリカらしい料理だろう。これは中東料理のキョフテ〜コフタとも通じる。この辺りを一皿に盛り付ければアフリカの朝食と言えるはず。

他にもっとアフリカらしいものはないかな？　ありましたフルーツが！　熱帯フルーツのバナナ、パイナップル、パパイヤ、そして日本では高級フルーツのマンゴーまで食べ放題なのは超嬉しい！　アビジャンでは至るところで緑色の大きな実が無数に垂れ下がったマンゴーの木を目にするし、マンゴーだけが特別というわけではないらしい。当然、僕はマンゴーだけ何個でもお代わりしちゃう！　そのまま食べるのもいいけれど、フルーツを全てサイコロ切りにして、ヨーグルトと混ぜてサラダにしちゃうのもいい。

キリスト教聖歌隊の不思議な美しさ

この日は午前中にプラトー地区の北端にあるMASAの事務所にキリスト教会の聖歌隊を観に行くことから取材を始めた。西アフリカではキリスト教、イスラーム教、更にヴォドゥンのようなアニミズムも広く信奉されている。キリスト教徒はミサの際に賛美歌を歌うが、欧米や日本で歌われている賛美歌とは随分異なり、ポリリズムやポリフォニー、叫びや笑い声、ボディパーカッションなどを駆使したアフリカ仕様に変容したものとなっている。

午前10時、気温は35度近い暑さ、タクシーで10分ほどでMASAの事務所に到着した。事務所の広い庭の木の下で地元アビジャンの聖歌隊に加えて、トーゴやガーナから来た聖歌隊が三組に分かれてのんびりと練習していた。観客は一人もいないし、コンサートのための機材もない。メンバーに聞くと、この日は練習だけで、コンサートは別の日とのこと。トホホ。公式プログラムを見直すと、練習打ち合わせと書かれていた。プログラムくらいきちんと読めよ……。

それでも11時半になると、三組が一つのテントの下に集まって合同練習が始まった。指揮者はガーナ人なので英語で話している。それをコートジボワール人がフランス語に訳してメンバーに

MASA事務所の庭で練習するコートジボワール、ガーナ、トーゴの混成聖歌隊。

毎日通ったマキ屋台「Les Delices de l'Ouest（西の美味いもの）」。屋台の中に入らせてもらった。

伝え、その場で全員一緒に歌い始めた。地声の発声ではないが、西洋のベルカント唱法の賛美歌とは異なるし、アメリカのゴスペルとも異なる。特に男性が低音で歌うと、地鳴りのような不思議な響きが起こる。そして、その調和をぶち壊すように、叫んだり、囁いたり、胸を叩いたりも交える。ちょうどインドネシア・バリ島の「竹の交響楽」ジェゴグや、中央アフリカのピグミーのコーラスにも通じる気持ち良さだ。一つのテントに三十人以上も集まっているので暑さは尋常じゃないけれど、この音響にいつまでも囲まれていたい。きちんとした会場でのコンサートも楽しみだ。

屋台街でティラピアの蒸し煮

日陰で聴いていたにも関わらず、正午を過ぎると気温がますます上がってきたので、一旦宿に戻ることにした。部屋でシャワーを浴び、冷房を18度にして、昼寝タイム。しばらく寝ると腹が減ったので、午後3時前、今度はMASAのメイン会場文化宮殿へ向かった。

まだコンサートには早すぎるので、屋台街に行き、すっかり馴染みとなったマキ屋台『Les Delices de l'Ouest（西の美味いもの）』に飛び込んだ。炭火のＢＢＱグリルの上にはいつもの焼き魚と焼き鶏の他、バナナの葉やアルミホイルで包まれた蒸し煮の料理も並んでいた。

「これは何が入っているんですか？」

「これはブレゼ（煮込み）よ。中身は鶏肉か魚よ」

「では魚のほうを一つ下さい。いくらですか？」

「２５００ＣＦＡ＝４５０円です」

バナナの葉で包まれているほうが欲しかったのだが、バナナの葉のほうは鶏肉で、魚はアルミホイル包みだった。なんとなく残念。

「ねえ、ムッシュー。そんなに写真を撮るのなら、私も撮ってよ！」といつもニコニコしている屋台の女将さんに話しかけられた。

「もちろん、喜んで。中に入っていいですか？」

屋台の内側から女将さんを撮影し始めると、屋台の奥にいたおばちゃんたちにも「私たちを撮って！」と呼び込まれた。奥に足を踏み入れると、意外なほど広い場所が野外キッチンとなっていて、5人の女性が大鍋や地面に置かれたたらいの前で働いていた。

おばちゃんたちから開放され、飲み物屋台のアニキからカステル・ビールを買い、野外テーブルに陣取っていると、10分ほどで料理が運ばれてきた。アルミホイルで煮たシチューはタジン鍋のような土鍋に移され、再度温められ、お米とフライドポテトは別のお皿に供されていた。

魚は当然いつもの青ティラピア。ティラピアは身がしっかりしていて、淡白で美味しいので、数日続いても飽きがこない。トマトと玉ねぎ、青唐辛子、クミンとパプリカなどで煮込まれたシチューには白身魚の出汁がしっかり出ていて、白米にかけてネコマンマのようにしていただくのは

バナナの葉やアルミホイルで包んだ煮込み。中身は当然ティラピア！

同じ料理を頼んでも、毎日見た目が違うのが楽しい。この日のティラピアと野菜の蒸し煮は土鍋入り。

お土産屋に並ぶ木製のコロン人形。

悪くない。

後に他の店の裏側で女性たちがコチンコチンに凍った青ティラピアを水を張ったたらいに入れて解凍してから鱗をガシガシ落としているのを見た。青ティラピアは冷凍保存しても、肉質があまり悪くならない優れた食材なのだ。結局のところ、8日間で何回ティラピアを食べただろう? 写真を見直すとなんと5回も食べていた! 鶏かティラピアしかないのだから仕方ないのだが。

ティラピアとか、
ティラピアとか、
ティラピアとか

「MASA」の取材、最初は8日ぶっつづけのアフリカ芸術見本市なんて気が遠くなりそう

毎日通ったマキの焼き場。ティラピアや地鶏の肉の表面に香辛料をすりこんでから焼いているのがわかる。

……と思ったが、いざ始まると毎日があっという間に過ぎていった。

僕にとって初めての西アフリカ。行く前は、日本の常識が全く通用しない遠い地球の反対側、と心のどこかで思っていた。しかし、実際に訪れると、出会った人たちは礼儀正しく、恥ずかしがり屋で、伝統文化を大切にするなど、どこか昭和の田舎の日本人、もしくは戦前の日本人を見ているような気分がした。それでいて、日本人よりもはるかに肉体派で、底抜けに明るく、陽気だったりもするから素晴らしい。次は西アフリカのどこに行こうか？　マリ？　ナイジェリア？　セネガル？　そして、現地で何を食べようか？　ティラピアとか、ティラピアとか、ティラピアとか？

ローストトマトとヨーグルトソース

材料：作りやすい量

プレーンヨーグルト
………400g（1パック）
ミニトマト………25個（2パック）
国産レモン………1/2個
にんにく………1かけ
クミンシード………小さじ1/2
生のオレガノの葉………1/2パック
（なければ乾燥でも）
砂糖………小さじ1/4
塩………小さじ1/2弱
EXVオリーブオイル………大さじ1

作り方

❶プレーンヨーグルトはボウルにキッチンペーパーを敷いたザルを入れた上に入れ、冷蔵庫で半日置き、水を切っておく。

❷ミニトマトはヘタを取り、国産レモンはピーラーで2/3皮をむき、残り半分はチーズ下ろしで皮を細かくすりおろす。にんにくはヘタを落とし、薄切り。

❸ボウルにミニトマトとピーラーで剝いたレモンの皮、にんにくスライス、クミンシード、生のオレガノの葉、砂糖、塩、EXVオリーブオイルを入れ、よく混ぜ合わせ、オーブンシートを敷いた天パンに乗せる。200℃に予熱したオーブンに入れ、20〜25分、表面に焼き色が着くまで焼く。

❹①の水切りヨーグルトにすりおろしたレモンの皮を混ぜ合わせ、平たい皿にスプーンで敷きつめる。上から③を回しかけ、残りのオレガノの葉を飾り付ける。
＊ミニトマトは黄色のものを足すとますますカラフルに仕上がります。

第5章

ポルトガル／海鮮と雑炊三昧

コロナ禍の海外出張、無事入国できる？

コロナ禍中の渡航に必要不可欠な目的とは？

2021年10月23日、1年7ヶ月ぶりに海外出張に出た。行き先はポルトガル。ポルトで開催されたワールドミュージックの見本市WOMEXの取材が主な目的だ。全世界的なコロナ禍の最中で、しかも、ポルトガル政府は日本からの渡航は「必要不可欠な目的（就業、修学、家族との再会、健康、人道）に限られる」との通達を出していた。少し調べたところ「必要不可欠な目的」の目的例に、僕のような「ビジネス目的」は含まれていないようだった。そんな状況でどうやって入国を果たし、取材を行ったか、忘れないうちにまとめておこう。

２０２１年10月時点のポルトガル入国時に必要とされた書類
＊出張先からの正式な招待状
＊ポルトガル政府が承認するワクチン接種証明書（日本のワクチンパスポートで代用可能）
＊72時間以内のＰＣＲ検査陰性証明書
＊ポルトガル乗客ロケーターカード・ウェブサービスから発行されるＱＲコード

これまでもレバノン、コートジボワール、イスラエルなど、入国が一筋縄でいかない国への出張は何度か経験していた。なので、こんな場合、どのように動けば良いのかはわかっていた。

まずは在日ポルトガル大使館の領事部に連絡し、今回の出張をどうすれば「必要不可欠な目的」として認められるかの返答をもらうこと。続いて、出張先のWOMEXやその現地共同運営者から僕の名前入りの正式な招待状を発行してもらうことだ。

在日ポルトガル大使館領事部に問い合わせメールを送ると、その日のうちに返事が届いた。そこには、ポルトガル側の主催者に正式な招待状を発行してもらうこと、更に主催者からポルトガル外国人国境局「SEF」に確認を取ってもらうこととあった。

続いてWOMEXの事務局に連絡すると、こちらもその日のうちに関心表明書が送られてきた。そして、SEFには共同運営者から直接連絡をさせるとのことだった。すぐに返事が来たところを

2021年10月に開催されたWOMEX会場入口には当然ながらPCR検査陰性証明書チェックの列が出来ていた

見ると、同じ問い合わせをしていたのは僕だけではなかったのだろう。WOMEXの参加者は¾がヨーロッパ人だが、残り¼はアメリカやアジア、アフリカ、中東諸国からの参加者だ。今回ポルトガルへの渡航を制限されていたのは日本人だけではなく、アメリカ人やアジアの多くの国の人々も含まれていたのだ。

その後、WOMEX事務局からは、ポルト市の観光局による一般紹介状、そして現地共同運営者による招待状が送られてきた。三種の書類は文面は異なれど、どれにも「職業上の理由と必要不可欠な渡航を証明する」と書かれていた。SEFからは返事はないものの、これだけ揃えば怖いものなしだろう。

そして、出発の二日前に、ＥＵ向けのフォーマットでＰＣＲ検査陰性証明書を書いてくれる恵比寿のクリニックでＰＣＲ検査を受け、翌日に陰性証明書を手に入れた（値段は16、500円）。ポルトガル政府のウェブサイトからの乗客ロケーターカードの登録も済ませ、必要なQRコードも手に入れた。よし、準備は万全だ！

無人の羽田空港から観光客があふれるポルトガルへ

10月23日土曜夜、吉祥寺駅からリムジンバスに乗り、たったの35分でほぼ無人の羽田空港第三ターミナルに到着した。今回は真夜中0時10分発のフランクフルト行きに乗り、翌朝5時にフランクフルト着。4時間のトランジットでリスボン行きに乗り、24日の午前11時過ぎにリスボンに到着する。このフライトも予約してから2度キャンセルになり、直前に別の便に変更していた。コロナ禍中、一年半以上放置して貯まり放題だったANAのマイレージを使い、変更が自由に行えるビジネスクラスを予約しておいてラッキーだった。

定刻に機体に乗り込むと、ビジネスクラスはほぼ満席だったが、エコノミークラスは半分ほどが空いていた。一旦、緊急事態宣言が終了し、国内の観光地にはだいぶお客が戻ってきていたが、ヨーロッパへ向かう日本人ビジネス客は戻っていても、普通の観光客はまだまだ少ないのだ。

12時間後、夜明け前のフランクフルトに到着した。入境のカウンターに進むと、渡航の目的を聞かれたので、ビジネスと答えると、ガチャンとスタンプを押されて、パスポートを返された。見るとEUの入境スタンプだった。あれ、ここでEUに入境しちゃったよ。すると同じEU内のポルトガルで追い返されることはないだろう。

朝6時をすぎると空港内にはお客が急激に増えてきた。ルフトハンザのラウンジに入ると早朝なのに既に7割ほどの席が埋まっていた。一年半も日本に閉じ込められていたので知らずにいたが、ヨーロッパの空港では既にコロナ以前の活気が戻っていたのだ！ そしてリスボン行きの小型機はいかにも南の国に向かうラフな服装をしたドイツ人旅行者で満員。半袖半ズボン姿の人も目立った。既に冬が始まっているドイツから、まだまだ暖かいポルトガルへ逃避行ということか。

3時間のフライトの後、時計の針を更に1時間巻き戻し、午前11時過ぎにリスボン空港に到着。ここで用意してきた書類が役立つはず、と思い、気合を入れながら通路を進むと、チェックイン荷物のテーブルに着いてしまい、荷物を受け取り、そのまま空港の出口に出てしまった。あれ？ 用意しておいた書類はどこで見せれば良かったの？ 必要不可欠な渡航しか認められないんじゃなかったっけ？ どうやら出発前にあれこれと思い悩んだのは全く意味がなかったのだ！

南国らしい強い日差しの下、リスボン空港のタクシー乗り場は半袖半ズボンのお気楽なドイツ人やフランス人旅行者が集まっていた。長袖のセーターと分厚いパーカーを羽織って深刻な表情をしていたのは僕だけだった。

最初に食べるべきはカメノテ、茹で海老、シーフード！

リスボン到着、君なら何を食べる？

2021年10月24日日曜の正午前、リスボン国際空港からタクシーに乗った。9月終わりの東京のような気候なので、長袖のセーターを脱ぎ、Tシャツだけになってちょうど良い。空港はリスボン市の北西に位置し、パリのシャンゼリゼ通りを真似したとされるリベルダーデ通りにあるホテルまでたったの20分で到着した。リスボンの人口は約50万人、東京と比べるとかなりこじんまりしている。

チェックインを済ませ、部屋に入ると長時間の移動のせいで、さすがに疲れはてていた。取り

リスボンの繁華街バイシャはコロナ禍なんて忘れてしまえ！　とばかりに外国人観光客[illegible]！

急ぎ荷物を広げ、シャワーを浴び、冷房をギンギンにかけてベッドで一休みだ。そのまま昼寝しても良いが、機内食もラウンジの食事もあえて抜いていたので、お腹がグーっと鳴った。いいぞ！　どこに食べに行こうか？　と言っても今日は日曜日だ。日曜日にゴーストタウン状態のヨーロッパの町は珍しくない。実際、空港からホテルまでの道は多くの店やオフィスが閉まっていた。宿のレセプションで尋ねると、リベルダーデ通りはオフィス街なので日曜は閉まっているが、南に下った町の中心のシアードやバイシャは多くの店が開いているとのこと。それでは早速市内散歩に出かけるとするか。空っぽのトートバッグにカメラだけ入れて町に出た。

リスボンはテージョ川に面した幾つもの丘とその間の低地からなる町。リベルダーデ大通りはその名も「低地」を意味する繁華街、バイシャの北側にあり、東西は丘に挟まれている。そこでリベルダーデ大通の宿から南西方向を目指し、西側の丘バイロ・アルトへと登り、高台にある高級繁華街シアードを経由して、テージョ川沿いのカイス・ド・ソドレ駅まで歩くことにした。

とまあ、勝手知ったる町のように書いてしまったが、僕はポルトガルは1996年8月に一度だけ訪れたことがあるだけだった。ヨーロッパからモロッコへと抜けるバックパック旅行中にリスボンに4日、それから最南端の港町アルガルヴェに3日間滞在した。なのでリスボンの基本的な地理は覚えていたが、当時どこをどう歩いて、何を見たのかはさすがに覚えていなかった。

それでも、「サルディーニャ・アサーダ（イワシの炭火焼き）」や「コジード・ポルトゲーザ（肉おでん）」、「アローシュ・デ・マリスコス（海鮮雑炊）」など、いくつかのポルトガル料理だけは鮮烈に覚えていて、帰国後に自分なりに再現したこともあった。なので、今回は25年前に食べたり、その後、東京のポルトガル料理店で食べた料理を改めて現地で食べるのが、第一の目的であるWOMEXの取材と同じくらい、自分の中では重要なミッションとなっていた。

さて、25年ぶりのリスボンで最初に何から食べようか？　蛸ご飯？　海鮮雑炊？　塩漬け鱈バカリャウのグリル？　いや、今、一番食べたいもの、心に浮かぶものを最初に食べよう。今回は全部で9泊するため、目の前には無限の時間や機会が広がっているように思える。否！　全ての料理は一期一会だ。今日を逃すと明日はないかもしれない。そう考えると、最初に食べるべきもの、そのちょっとゲテモノ的なシルエットがありありと脳裏に浮かんできた。よし、行き先は決まった！

25年ぶりのリスボン街歩き

リベルダーデ大通りを下り、南西方向の脇道に入ると、さっそく急な坂道に出くわした。徒歩で坂を頑張って上ると、ケーブルカーの線路が敷かれたさらに急な坂道に出た。ケーブルカーの車両も坂道の両側の壁面も今どきのヨーロッパの下町らしく、カラフルなグラフィティで覆われていた。25年前には予想もつかなかったが、今のリスボンは路上のグラフィティまで含めて、世界中のアーティストたちが好んで暮らす街というイメージが強い。あのマドンナまでリスボンに家があり、しばしば長期滞在しているらしいから。

普段から身体を鍛えているのだから、坂道くらい大したことないだろうと歩きだしたが、あまりにも急勾配で5分もしないうちにゼーゼーと息が切れ、汗が吹き出した。石畳の道なので足の裏も痛い。それでも無理やり坂道を登り切り、到着したシアードには驚くべき風景が広がっていた。広い道にはヨーロッパ中からの観光客が溢れかえり、半袖半ズボン、ノーマスク姿で闊歩していたのだ。まるでコロナ禍直前の日曜日の鎌倉や京都のような状態、要はオーバーツーリズム。リスボンではコロナ禍は既に過ぎ去っていたのか！　数日前にほぼ無人の渋谷や新宿を見ていた目にはありえないような風景だ。

アルファマ地区、グラッサ展望台からリスボン市街を見下ろして。

シアードにちょっと気になっていたレストランがあったので、遠回りして覗いてみると、道に張り出した野外席は外国人観光客で全て埋まり、お店の前には行列まで出来ていた。ふ～、平日のお昼前に出直すとしよう。

今度はそのまま南へと急な坂道を下ると、坂下の正面に藍色に輝くテージョ川が見えてきた。旅先の町を歩いていて、道路の向こうにふと海や川が目に入ってくるとなぜか落ち着く。イスタンブルやベイルート、テルアビブやラス・パルマス・グラン・カナリー、そしてリスボンも、坂道の向こうに覗く海や川が街のシンボルとなっている。

長い坂を下りきり、カイス・ド・ソドレ駅に向かって西に進むと、今度は観光客ではなく、地元の若者ばかりが集うカフェや安食堂が数軒並んでいた。店頭のメニューを見ると、

丘の街リスボンはトラムやケーブルカーが交通の中心。

10ユーロ（当時のレートで1、350円）前後の日替わり定食が美味そうだ。鰯の炭火焼きやバカリャウのオーブン焼き、仔牛のオーブン焼きなど、典型的なポルトガル料理だ。「インク」を意味する「ティント」と呼ばれるシャバシャバな赤ワインをデカンタでもらって、こうした定食をいただくのも悪くない。だが、今日の僕には果たすべき夢がある！

向かうべきはリベイラ市場にある『Time Out Market（タイムアウトマーケット）』だ。19世紀に建てられた巨大な屋内市場をイギリスの雑誌、タイムアウトがプロデュースし、最新のフードコートに改装した場所である。

トラムが通る道を数分進むと、タイムアウトの旗が見えてきた。そこから建物に入ると、内部のあまりの賑わいに驚いた。巨大な倉庫型の建物が吹き抜けのフードコートになって

お昼すぎのタイムアウトマーケットはヨーロッパ諸国からの観光客で満員。マスク率も3割程度。

いて、周囲の壁は小さな屋台ブロックに区切られて様々なお店が並ぶ。そして中央にはテーブルと椅子が数百も並び、外国人観光客があふれ、食事を楽しんでいたのだ。ちょうどフジロックフェスティバル内の屋台街ほどの規模だ。コロナ禍直後でこれほどの賑わいなら、翌年以降はどれほど混みあうのだろうか？

周囲に並ぶお店を一軒ずつ見て回る。バカリャウのコロッケ専門店、豚肉つゆだくバーガーのビファーナの専門店、カステラの原点と言われるパン・ド・ローの専門店、老舗の生ハム専門店、ステーキ専門店、パステル・デ・ナタの専門店、ポルトガル各地のスープ専門店、ポートワイン専門店、ピザ専門店、タイ料理や寿司の専門店、などなどなど。後にウェブサイトで確認すると全部で54店舗も入っていた。

日本でも大ブームとなったエッグタルトの「パステル・デ・ナタ」も色んな種類がある。

シーフード専門店
アズールのカメノテと
茹で海老で至福体験！

お目当てだった『Azul（アズール）』というシーフード専門店は建物の中ではなく、西側の広場に面した野外にあった。その野外席に着席し、ポルトガル語のメニューに目を通すと、ペルセベス200g：14ユーロ（当時のレートで1、890円）と書かれていた。これだ！　ペルセベスとはカメノテのこと。そう、カメノテこそ僕が最初に食べたいと心に思い浮かべたポルトガル料理だ。

カメノテは浅瀬の岩場やテトラポッドの隙間などに生える甲殻類。僕はこれまでに徳島や屋久島、東京でカメノテを何度も食べる機会があり、そのアサリを更に上品にしたような潮の味の虜となっていた。日本以外ではスペインのガリシア地方やポルトガルで日常的に食されている。カメノテは英語で「Goose Barnacle（ガチョウフジツボ）」と呼ばれるが、僕は以前から来るべきこの日のためにスペイン語やポルトガル語の「Percebes」という言葉を覚えていた！

ウェイターに、茹でカメノテとアルガルヴェ産の茹で海老、ポルトガル北部の白ワインであるヴィーニョ・ヴェルデを注文した。注文を終えてから初めて周りのテーブルを見渡すと、ドイツ人やフランス人、イタリア人の観光客、特に家族連れが目立った。フランス人家族は四人で巨大なシーフード・プラッターを頼んでいた。生牡蠣やマテ貝、ムール貝、小さな法螺貝のような夜泣き貝、アサリのワイン蒸し、茹で海老に海老のアヒージョなどがもりもりと巨大なお盆に乗っていた。大人数ならあれがエエ……。

ワインに続き運ばれてきたペルセベスは、日本のカメノテよりも一回り大きく、長さが5㎝ほどあり、食べごたえ十分。ゴツい甲殻部の爪をむしり取り、経帷子に似た黒褐色の部分をビリっと一回り剝がして、中のピンク色の柔らかい部分だけを口に入れて、チュルッといただく。まさに潮の味。海水で茹でているのだろうか、ミネラルの効いた甘い塩が強烈で「ボン！　ムイト・ボン！（美味い！　美味すぎる！）」

そして、アルガルヴェ産の海老は、駿河湾のトロ海老とよく似ていて、身が甘くて、味が濃厚、しかも柔らかい！　これもムイト・ボン！　こんなの食べてしまったら、日本のスーパーで売っ

席について真っ先に注文したカメノテ。経帷子に似た黒褐色の部分を破いて、中の柔らかい身をチュルっと吸っていただくのだ！

アルガルヴェ産の海老は甘くて濃厚。まさに駿河湾産のトロ海老を思い出す味！

アズールで頼んだマテ貝のにんにくオリーブオイル炒め。マテ貝のほか、アサリやザル貝、牡蠣など、ポルトガルは貝類も豊富。

ているバナメイ海老にはもう戻れないよ〜。

そして副菜のパセリとバターをたっぷりのせたパリパリ薄切りガーリックトーストもシーフードとよく合うので、手をつけるのをやめられなくなる。ヴィーノ・ヴェルデをグラス大盛り二杯いただきながら、カメノテと海老を一気に食べ尽くしてしまった。

いやあポルトガルはシーフード天国だなあ。会計を頼むと43ユーロ（当時のレートで約5、580円）。さすがに一等地だけに、少々値段は張るが、味に間違いなし。帰国までにもう一度カメノテを食べに来よう！

アレンテージョ家庭料理店で蛸雑炊がムイト・ボン！

リスボン在住の映像作家おすすめの家庭料理店ア・トレンペ

２０２１年10月25日月曜、リスボン二日目の夜は、東京の友人に紹介された現地在住の日本人サウンドデザイナー森永泰弘さんと会食を予定していた。

彼はこれまでにインドネシアや中国雲南省の少数民族ナシ族の伝統音楽演奏を現地でフィールド録音した作品を発表していたが、２０２１年春からご家族とともにリスボンに拠点を移していた。そこでリスボンで会い、情報交換し、お気に入りのお店に案内してもらうこととなったのだ。

指定されたお店はエストレーラ地区にあるアレンテージョ地方の家庭料理店「A Trempe（ア・

10月下旬のリスボンの夕暮れ、道路左側が『ア・トレンペ』。

トレンペ)」。アレンテージョ地方はポルトガル中南部に位置する巨大な地方。大西洋沿岸部とスペイン南西部と国境を接する内陸部があり、ポルトガルで最も料理の美味しい地方とされている。

約束の19時を10分ほど遅れてお店に到着すると、森永さんはご友人の杉本崇さんと既に席に付いていた。杉本さんはリスボン在住の映像作家で、ちょうど同時期に開催中だったリスボン・ドキュメンタリー映画祭「Doclisboa」でキュレーターを務めていた。実はア・トレンペは彼の古くからのお気に入りの店だった。

お店は奥に細長く、左の壁がレンガ造りのワイン棚になっていて、ローカルなワインのボトルがたっぷり立てられていた。奥がキッチン、その手前の左側に4~6人がけのテーブルが三列、真ん中の通路を挟んで右に2～1人のテーブルが2列、合計20人ほどでいっぱいになる。天井の梁には銅製のアンティーク鍋や調理道具が吊るされ、壁は白い漆喰壁と赤褐色のレンガ、床もレンガと同じ色のタイル、テーブルには使い捨ての紙テーブルクロスが敷かれている。いかにも美味そうな雰囲気の家庭料理店だ。

Ａ４サイズの紙一枚に今日のメニューがプリントアウトされていた。当然ポルトガル語のみ。だが、恐れることは何もない。僕は普段の精進のせいもあって、ポルトガル語の料理名はたいがいは読めて理解できる。その日のメニューに書かれていたのは、上からスープ2種、牛肉2種、仔牛3種、豚4種、魚介は9種、そしてハウスワインが2種類。しかし、読めるだけであって、ポルトガル語を話せるわけではない。そこで杉本さんが通訳を買って出てくれ、ご主人におすすめ料理を伺った。

「ご主人曰く、今夜は「アローシュ・ド・ポルボ」、蛸雑炊がおすすめとのことです」

「もちろん、それを行きましょう！　2人前！」

「え、そんなに？　実は僕は昨日も蛸雑炊を他のお店で食べたばかりなのですが、ここのはもっと美味いかもしれないので頼みましょう」

「ええ、2日続きで申し訳ないのですが、ぜひお願いします！　2人前で！」

実は僕は25年前にリスボンを訪れた時にアサリ雑炊と魚介雑炊を食べて、トマトとパプリカと香菜と魚介の出汁が沁みたお米のあまりの美味さに感激して、ポルトガル料理に開眼した。蛸雑炊は東京のポルトガル料理店で食べて、もちろん美味さは知ってはいたが、今回現地で絶対に逃すわけにいかない料理だった。

「店主は「カルネ・ド・ポルコ・アレンテジャーナ」、豚肉とアサリのアレンテージョ風がムイト・ボン！　と言ってます」

「あれ、そうですか？　意外と普通のものを選びますねえ。でも、普段から美味いものを食べているご主人が言うなら間違いないですから、それもお願いします」

「飲み物はどうされますか？」

「ヴィーニョ・ヴェルデのオススメをボトルでお願いします」

お通しからボン！　ムイト・ボン！

すぐにご主人がよく冷えたヴィーニョ・ヴェルデと小皿にのったお通し4種類を持ってきてくれた。お通しは挽き肉入りのサモサ、サラダミスト（グリーンサラダ）、豚のドライソーセージ、そしてトレスモスと呼ばれる豚の皮のフライ。サモサはもちろんインド起源の揚げ物だ。ポルトガルは大航海時代の16世紀初頭から、西インドのグジャラート州、南インドのゴア州、ケーララ州、タミル・ナードゥ州とセイロン島（現在のスリランカ）まで南アジアに広大な植民地を持っていた。最後までポルトガル領として残っていたゴア州やグジャラート州のディーウ島がインド

お通し４種類。左から時計回りにアレンテージョ産のドライソーセージ、シンプルなサラダミスト、豚の皮や内臓のフライのトレスモス・アレンテージョ、一番手前がサモサ。

に併合されたのは１９６１年。なんと62年前までポルトガル政府は図々しくも植民地支配を続けていたのだ。ゴアでポルトガル料理の影響を受けたポーク・ヴィンダルーが名物料理となり、逆にポルトガルでインドのサモサが定番料理となっているのはそんな理由だ。

グリーンサラダはレタスとトマト、玉ねぎのスライスで、味付けは塩、レモン汁、ワインビネガー、オリーブオイル、更にタイムがふりかけてあった。

魚介だけでなく、加工肉もポルトガル料理には欠かせない。ドライソーセージが濃厚で旨味たっぷりなのは当然ながら、パリパリになるまで油で揚げたトレスモスも酒のつまみには悪くない。

夢にまで見たアローシュ・ド・ポルボ、蛸雑炊。帰国してからも再現してます。

最高すぎる蛸雑炊と豚肉とアサリのアレンテージョ風

アルヴァリーニョというローカル品種の葡萄を使った爽やかなヴィーニョ・ヴェルデで乾杯し、全員が自己紹介をしていると、15分ほどで2人前の蛸雑炊が平たい土鍋で運ばれてきた。

土鍋の中にほんのり紫かかった褐色の蛸のスープ、そこにドッサリ蛸足のぶつ切りと長粒米が浮かんでいる。表面には香菜のみじん切り。ヨーロッパで料理に香菜を使うのはポルトガルくらいではないだろうか？　ポルトガルの南に位置するモロッコでは使うが、お隣のスペインでは使わない。香菜の使用もアフリカやインド、アメリカ大陸への植民地支配からの影響ではないか、などなど、とりとめのないことを考えながら、夢にまで見た蛸雑炊をしゃもじで小皿に盛り、スプーンで口にする。「ボン！　ムイト・ボン！」

雑炊のお米は赤ワインで煮込んだ蛸のエキスを吸っているし、蛸のぶつ切りは猛烈に柔らかい。これは雑炊好きの日本人にとっては無限お代わり飯だ！　杉本さんに頼んで、ご主人に蛸を柔らかくするための秘密を伺った。

「柔らかいのは生の蛸を数日間凍らせるからです。でも、どのくらい柔らかいのかはその日捕れた蛸次第、個体差があるとのことです」

なるほど！　僕はこれまでギリシャやトルコ、イスラエルで蛸を柔らかくする方法を尋ねて歩いた。棒で叩く、岩に叩きつける、圧力鍋で煮る、油でコンフィーにする、様々な方法があるが、このお店では冷凍して、繊維を壊す方法か。更に煮込みには圧力鍋を使っているかもしれない。

続いてご主人が豚肉とアサリのアレンテージョ風を運んできてくれた。

大きな丸皿に豚のバラ肉とアサリを赤パプリカの発酵調味料マッサ・デ・ピメンタオンで炒め煮にして、大量の香菜の葉と地元産オレンジのスライスをのせている。そして豚肉とアサリの下にはカリっと揚げたフライドポテトが敷かれている。一口食べると、ボン！　ムイト・ボン！

豚にはマッサ・デ・ピメンタオンの塩辛さが沁みていて、バラ肉の脂はしっかり落ちているのに、スープは全く脂ぽくない。そしてアサリと豚肉がマッサ・デ・ピメンタオンを媒介にして見

こちらがカルネ・ド・ポルコ・アレンテジャーナ、豚肉とアサリのアレンテージョ風。豚バラ肉が美味い中華の酢豚のようにカリカリでトロトロ。ムイト・ボン！

事に調和している。更にオレンジと香菜が爽やかさを加えている。全てのエキスが出た汁に浸かったフライドポテトも美味すぎる！

アレンテージョ地方を代表するこの料理、僕は日本のポルトガル料理店で何度も食べたことがあった。しかし、バラ肉の焼き具合がいい加減だったり、脂がキツかったり、肉に味が染みていなかったり、何よりも豚肉とアサリが調和しておらず、お皿の中で2つの別々の味が同居していて、なぜ豚とアサリを組み合わせる必要があるのか全くわからずにいた。なので、この料理を積極的に頼みたいと思ったことはなかったのだ。今回、ご主人に「ムイト・ボン！」と言われ、杉本さんにも背中を押されて、大博打を打つ気分で頼んで大正解だった。

「旅先では余計な先入観を捨てろ」。これは旅

贅沢にシーフード全種類盛り合わせを頼んだ。ムイト・ボン！

の上級者を自称する僕でもついつい忘れてしまいがちなことだ。それにしてもリスボンに着いて、たった二日で「ボン！　ムイト・ボン！」と何度口にしただろう？

ミシュラン2つ星『ベルカント』は驚きの連続！

ベルカントはエル・ブジ直系！

２０２１年10月26日火曜、リスボン三日目。蛸雑炊やシーフードなど普通のポルトガル料理についてはある程度イメージがつかめるようになってきた。この後もポルトに移動して色々食べるつもりだ。それでは、現代ポルトガルのフュージョン料理とはどんなだろうか？　僕の専門であるワールドミュージックにおいても、古い民族音楽／伝統音楽を知るのと同時に、その現在型／発展型を知ることが重要だ。料理も音楽も古いものと新しいもの、その両方を常に知る必要がある、というか知るのが楽しいのだ。

そこで日本出発の直前に、２０２１年度の「The World's 50 Best Restaurants」で第42位に選ばれ（２０２３年度は第25位）、ミシュランでも２つ星を獲得しているレストラン『BELCANTO（ベルカント）』を予約しておいた。ディナーは既に満席だったが、ランチに空きがあったのだ。

ここは、分子ガストロノミーなど、21世紀の料理体系を作り上げたカタルーニャのレストラン『El Bulli（エル・ブジ）』で、伝説のシェフ、フェラン・アドリアに学んだポルトガル人シェフ、José Avillez（ジョゼ・アビーリス）が２０１２年にオープンした。伝統的なポルトガル料理を現代的に再構築した料理はすぐに評判となり、国内外から注目され、２年後にはポルトガル人シェフとして初めてミシュラン２つ星を獲得している。

ベルカントは、バイシャの西側の高台シアード地区にある。リスボンに到着した初日、不用意に坂道を歩いて登ってしまい、ヘトヘトに疲れ果ててたどり着いた場所だ。もうあんなキツイ坂は登りたくない。地下鉄のバイシャ・シアード駅から直結した長いエスカレーターに乗れば、急な坂道を歩かずにシアード地区に到着する。そこで午後12時半に宿の目の前のアベニーダ駅から地下鉄に乗り、２駅先のバイシャ・シアード駅で降り、件の長いエスカレーターに乗ると、午後1時前に全く汗をかくことなくシアード地区の瀟洒な通りにあるベルカントに到着した。

お店の外観はクリーム色の壁に煉瓦色の屋根の中層階建て、典型的なリスボンの建物だ。外から見ただけでは、どんな店なのか全く見当もつかない。ガラス張りのドアを開け、名前を告げると、入り口近くのテーブルに案内された。一階は天井が高く、大きな窓からの明るい光と淡い暖

ベルカントの天井が高く明るい店内。

色のインテリアやカーテン、テーブルの間隔もゆったり、上品で落ち着ける。店内は左から建物を周りこむように大きなサロン、右奥にオープンキッチン、中央には天井の低いガラス張りの中二階の部屋もある。既に半分ほどのテーブルが埋まり、ウェイターが忙しそうに行き来し、女性ソムリエールがワインを運んでいた。

エボリューションメニューとは？

テイスティングメニューは2種類。6品で175ユーロ（当時のレートで23、105円）のベルカントメニューと、195ユーロ（25、745円）のエボリューションメニュー。そして、それぞれに対応したペアリングワインは95ユーロ（12、542円）と135ユーロ（17、825円）。ベルカントメニューのほうは6品の料理の詳細が記載されていたが、エボリューションメニューのほうは完全サプライズということで料理は伏せられ、下の文章が添えられているだけだった。

「エボリューションメニュー：進化し、変革し、前進し続けること。このメニューには、常にポルトガルの人々を定義してきた克服の精神があります。私たちは存在するものに決して満足しないので、知識と熱意を持ってリスクを冒し、再発明するのが好きだからです。私たちは最も象徴的な料理のいくつかをもう一度見直して、それらを再発明し、さらに一歩進んで、私たちが知っていることから未知の出発点を探求することにしました。私たちは伝統に革新を導入しました：新しい味、食感、アイデア、感覚。エボリューションメニューをぜひご堪能ください」

若いウェイターに内容を尋ねても「サプライズだらけです！」との返事で、具体的にどんな料理が出るのかは教えてくれない。どちらのメニューを選んでも特別な体験は出来るだろうが、折角なら驚きや発見が多いほうが良い。清水の舞台から飛び降りる気分で、エボリューションメニューとペアリングワインのコースを選んだ。

４種のスナック。左から鶏皮あられに生烏賊、中央が牡蠣とツナのタルタル、右がイワシの冷燻。金のスプーンにはフォアグラのチョコボール。

ポートトニックと宝石のような４種のスナック

最初のウェルカムドリンクとアミューズに続き、ペアリングワインの一杯目が運ばれてきた。と言っても、ワインではなく、ウイスキーのロックグラスに入ったカクテルだった。「ワインのコースなのに一杯目からワインではない。これもまたサプライズでしょう!?」とウェイター。これはポートトニックというカクテル。ポートワインをトニックウォーターで割り、オレンジの皮を浮かべる。甘いポートワインがトニックウォーターの苦味とオレンジの香りで爽やかに生まれ変わっている。僕は初めて知ったが、近年、全国的に人気を得たカクテルとのこと。

牡蠣とツナのタルタル、たまり醤油、チョコボール、エディブルフラワー。白いチョコボールが牡蠣が抱く真珠のよう。チョコボールにはフォアグラが詰まっていた。

ポートトニックに対応する品目は4種のスナック。4種類の一口サイズのスナックが石や陶器、金属、木の器にこじんまり盛り付けられている。小さな石のお盆には牡蠣とツナのタルタル、たまり醤油、チョコレート、エディブルフラワー。血のような生牡蠣の味に甘さと塩っぱさが加わって濃厚な海の味。金のスプーンにはフォアグラのゴールデンチョコレートボール。これも一口でぺろりなのに、チョコとフォアグラの濃厚な味が爽やかなポートトニックとよく合うんだ。

3つめはイワシの冷燻を炭を混ぜ込んだ薄焼きパンに載せ、上に炭のピュレとトマトのピュレ。4つめはほんのちょっぴりの生烏賊と卵黄、鶏皮をパリパリに焼いたアラレ仕立て。この2つは見た目からして、まるで日本の高級な居酒屋のお通しのようだった。エボ

オレンジワインに合わせてオレンジ色の料理。アルガルヴェ産人参のサラダ。人参の様々な形態が一皿に並ぶ様はまるでピカソが描いたキュービズム絵画のよう。今どきの言葉で言うならマルチバースか。

リューションメニュー、初っ端から楽しいじゃないか！

オレンジワインとオレンジ色の分子ガストロノミー人参サラダ

ポートトニックに続いて、今度はれっきとしたワイン。と言っても白ではなく、いきなりオレンジ。コインブラ近郊産のマルバシアという土着品種の葡萄で、洋梨のようなフルーティーさにオレンジらしいヨーグルトや糠のような旨味が強い。

なぜオレンジワインなのかは、続いて運ばれてきたサラダの色を見て納得した。オレンジ色をしたアルガルヴェ産の人参サラダだったのだ。黒地に淡い水色の気泡が浮き出た陶器のお皿にオレンジ色のグラデーションが美しい！　しかも、単なるサラダではなく、人参のスライス、人参の軽く茹でたもの、人参のピュレなど、人参が様々な形態に調理され、お皿の上で広がり、更にオレンジ色のカボチャのフローズンクリーム、オリーブのフローズンクリーム、人参の葉っぱの天ぷらが添えられている。一口ごとにサクサク、プチプチ、トロトロ、ヒエヒエなど人参の様々な食感と味が楽しめる、いわば分子ガストロノミー版の人参サラダだ。

地元白ワインと海老や鰻の前菜

意表をついたオレンジの次は白ワイン。ポルトガル中部の大西洋岸沿いのバイラーダ産のビカウという土着品種の葡萄。ドライな白だが、オレンジワインのようなヨーグルト～乳酸臭も感じられる。土着品種は魅力的だねえ。

その白ワインに合わせる二品めはシーザーサラダ。レタスの葉の上に焼いた手長海老の身とアボカドの天ぷらがのり、その下にはトマトの汁とトマトの泡、ビネグレットソースとアボカドクリームがかかっている。淡いグリーンと淡いピンクが美しい。トマトの汁とトマトの泡はほぼ無色透明だが、トマトの酸味と甘みがしっかり詰まっている。

2本目の白ワインはポルトガル中部の内陸に流れるダン川から名付けられた、その名も「ダン」の1998年もの。12世紀から続く古くからのワイン生産地区で、日本では作家の壇一雄がポル

スモークした鰻と卵黄、ビーツのソース、ローズマリーを燃やした灰。ポルトガルの鰻料理は初めて。甘じょっぱいソースが日本の蒲焼きを思わせる。

トガル滞在中に愛したとしても知られている。この白は土着品種を中心に30種類の葡萄品種のブレンド。23年も瓶内熟成しているだけに、ポートワインのような複雑な味がした。

ダンに合わせる料理は冷燻した鰻と卵黄、ビーツのソース、ローズマリーを燃やした灰。これは日本人には卵を落とした鰻の蒲焼きのようにほろ苦く、甘じょっぱくて親近感が湧く。ともに複雑なダンのヴィンテージワインとの組み合わせも最高。美味い！　美味すぎる！　しかし、僕がポルトガル料理についての知識をもっと持っていたならば、料理の背景やシェフの世界観、更には移りゆくポルトガルの大地までが脳裏に浮かぶだろうに……。

一皿目の魚料理は大海老のレッドカレーソース、青リンゴとアスパラガス。赤オレンジ黄緑が美しい！

ヴィーニョ・ヴェルデと次々と続く海の幸

3本目の白ワインはアルバリーニョ種の葡萄を使ったヴィーニョ・ヴェルデ、しかも樽熟成の3年物。「緑のワイン」を意味するヴィーニョ・ヴェルデはポルトガル北西部、スペインとの国境に面したミーニョ地方の原産地呼称白ワインを指す。ポルトガル語で「緑」は「新鮮、フレッシュ、若々しい」という意味で、緑色をしているわけではなく、完熟する直前に収穫された若々しい葡萄を使って造られる。基本的にはアルコール度数は低く、中には発酵段階で気泡が残り、微発泡ワインとなるものもある。リスボンに到着してからは、ほぼ毎食ヴィーニョ・ヴェルデを飲んでいたが、3年も樽熟成して、バニラ香やチョコレート香がするヴィーニョ・ヴェルデなんて初めてだった。

アルバリーニョ種は大西洋沿岸地域が産地のため、海の魚料理との相性が良い。そこで魚料理一皿目は鮮やかな赤色のジャイアント・シュリンプ。下にはタイ料理のレッドカリーソースが敷かれ、右手にはグリーンアスパラガスと青リンゴを湯がいたものとエディブルフラワー。黄褐色に赤と緑の組み合わせが美しい！

大きな海老は初日にいただいたアルガルヴェ産だろうか、甘みが強い。タイのレッドカレーソースは辛口だが、海老の殻と海老味噌が濃厚に効いていて、海老の身と最高の組み合わせ。更に少しシャキっとした食感のアスパラと青リンゴが辛さを洗い流してくれる。まるで大西洋岸のちっぽけな土地から大海原に繰り出し、喜望峰、インド洋を経て、マレー半島まで至る、ポルトガル大航海時代の歴史を描くような素晴らしい味の旅路ではないか！

続いて4本目の白ワインはジョゼ・アビーリスというオーナーシェフの名前が付けられたお店のコラボ製品。ポートワインが有名な、ポルトガル北部ドウロ地方原産の3つの土着品種で造られ、針葉樹の香りと樽熟成による檜のような味が舌に残る。

このワインには二品目の魚料理だ。いちじくの葉っぱを被せて蒸したメルルーサのクリーム煮。メルルーサは鱈の一種で、日本では古くからフィッシュバーガーやおでんの練り物の原料として、知らないうちにお茶の間に浸透している魚だ。僕は昔、南フランスに留学していたときに、鰯と並んで一番安い魚としてスーパーの魚売り場に並んでいたのを覚えている。フランスやスペイン、そしてポルトガルでも庶民の魚なのだろう。そんなメルルーサをマスカットとリーキとともに、アラで取った出汁と生クリームで軽く煮ている。いちじくの葉はちょうど柏餅を包む柏の葉のようなもので、柏餅が子孫繁栄の意味を持つのと同じように、ポルトガルでは何かの社会的な意味があるのかもしれない。それはわからなくとも、フレッシュな若葉の香りと緑色を楽しんでから葉をめくると、薄緑のマスカットとリーキをまとった白身の魚が待っているという趣向は味わえる。鱈に似たメルルーサの淡白な味にフルーティーなクリームソースの組み合わせ、マスカットやリーキとの食感の違いも面白い。

仔豚の丸焼きレイタオンを脱構築

お腹は満腹に近づいていたが、ここでついに肉料理だ。白い大きな丸皿の上に黄色と黄緑の水玉模様が並び、そこに茶褐色をしたツヤツヤのマッチ箱状の直方体が立ち、その上に小さなスフレが3つ風船のように置かれている。まるでシンガポールのマリーナベイサンズホテルのような？これは一体？　聞くと、なんと仔豚の丸焼きレイタオンのベルカント流脱構築版！

マッチ箱状の直方体は仔豚の丸焼きの皮と内側の肉の部分を四角く削ぎ切りにした二枚を、皮を表側にして張り合わせてある。茶色いソースは豚の内臓と酢と黒胡椒、にんにくのソース。黄

まるでシンガポールのマリーナベイサンズホテルのような斬新な見た目！　仔豚の丸焼きレイタオンのベルカント版脱構築！

色はオレンジのピュレ、黄緑色はウォータークレソンのピュレ、そして肉の上に乗っているのはじゃがいものスフレ。

インドネシア・バリ島で食べる仔豚の丸焼きバビ・グリンが大好きな僕は、ポルトガルの仔豚の丸焼きレイタオンも機会があればぜひ食べたいと思っていたが、レイタオンの専門店はリスボンから遠く離れた町に点在するため、今回は諦めていたのだ。それをここでありつけるとは！　しかし、ベルカントのレイタオンは脱構築版。本物のレイタオンは骨に沿ってザクザクと切った仔豚の丸焼きが骨付きのまま大皿にガツンと食べきれないほど盛られて、野菜やガーリックソースとともにガツガツと頬張るものらしい。それと比べると、ベルカントの脱構築レイタオンはパクっと一口サイズ。でも、今からフルサイズのレイタオンを出されても絶対無理。一口サイズでちょうど良いかも。

仔豚肉を口に入れると、表面の皮はパリパリに焼けているのに、内側の肉はジューシーで、バビグリンによく似ている。これは美味い！　美味すぎる！　ボン！　ムイトボン！　濃いソースも美味いが、オレンジとウォータークレソンのピュレと合わせても楽しめる。

　そんな脱構築レイタオンにぶつけるのは、やはり土着品種の葡萄、トゥーリガ・ナショナルの赤ワイン。タンニンが強く、インクのように黒く、安食堂の赤ワインをそのままアップグレードしたような味だ。また近いうちにポルトガルに来て、レンタカーを借りて、郊外のレイタオン専門店を訪れ、レイタオンとトゥーリガ・ナショナルの赤ワインの組み合わせを存分に味わおうと決めた。

美味い料理を食べると　それが生まれた国や人や文化を知りたくなる

　良い音楽を聴くと、その音楽が生まれた国や土地を想像し、人や文化を知りたくなる。Tinariwen（ティナリウェン159頁参照）の砂漠のブルースを聴けば、サハラ砂漠周辺部に暮らすトゥアレグ人の生活を知りたくなるし、Idan Raichel（イダン・ライヒェル）の哀愁を帯びたピアノ曲を聴けば、イスラエルの複雑な歴史と多様性を想像したくなる。同じように、美味い料理を食べると、

最後のデザートはロゼのスパークリングワインと合わせて、様々なテクスチャーの苺。生の苺に始まり、苺のジェラートやフローズン、アニス風味のカスタードクリームやトマトコンフィとともに。

その料理が生まれた国や土地を想像し、人や文化を知りたくなる。ベルカントのエボリューションメニューはまさにそうした体験だった。ポルトガル各地の料理や土着品種のワイン、そしてポルトガルの旧植民地の食文化について、もっともっと知りたくなった。ベルカント、次回のリスボン出張時にもまた食べに行かねば！

世界遺産の古都ポルトでバカリャウを堪能

ドウロ川を挟んで南北に広がる丘の街ポルト

2021年10月27日水曜。この晩から旅の目的であるワールドミュージックのエキスポ「WOMEX」がポルトガル北部の古都、世界遺産の町ポルトで始まる。そこでリスボンからポルトへと約310㎞北上した。

まだ夜が明けぬ午前6時35分にタクシーに乗り、10分でリスボン・アポロニア駅に到着。午前7時発の電車に乗り、ポルトまでは約3時間。ポルトガル鉄道が誇る高速電車アルファ・ペンドゥラールは最高速度時速220㎞と日本の新幹線ほど速くはないが、振動も少なく、しばらく眠

ドン・ルイス一世橋の麓から見たドウロ川、右岸はポルト歴史地区。左岸はヴィラ・ノヴァ・デ・ガイア。

っていたらいつの間にかポルトに着いていた。

午前10時にポルト・カンパーニャ駅に到着し、タクシーに乗り換え、10時25分にはポルト歴史地区のすぐ北側にあるホテル、ポルト・ベイ・テアトロに到着した。するとレセプションでイスラエルの古い友人、ダンに2年ぶりに再会した。

「シャローム、ダン。同じホテルとは偶然だね」

「昨夜は他のホテルに泊まったけど、こちらのほうが会場から近いし、部屋もきれいだから、今、移ってきたところさ。他にも沢山、共通の友人がこの宿に泊まっているよ」

この日の午後はWOMEXの事務局から誘われ、ポルト市観光局が主催する市内観光ツアーに参加した。宿に迎えに来てくれた車には、既にアメリカやチリ、ドイツ、メキシコ、カナダ、イギリスなどからの同業者＝音楽ジャーナリストたちが乗り込んでいた。午前中には町の南側のヴィラ・ノヴァ・デ・ガイアにあるポートワインの工場を見学してきたそうだ。

中世そのままの細い通りから、如何にも最近になって造られた地下の広いバイパス道路に入り、しばらくして地上に抜けると、目の前に群青色に輝くドウロ川とその対岸、ヴィラ・ノヴァ・デ・ガイアの斜面に沿ってオレンジ色をしたレンガの屋根と葡萄畑の緑が広がった。おお、なんという美しい町だろう！　ポルトは東西に流れるドウロ川で南北に分断され、北側は中世から続くポルト歴史地区と繁華街、南側のヴィラ・ノヴァ・デ・ガイアにはワイナリーや住宅地が広がっている。イスタンブルやリスボンも海や川に面した坂の町で、ポルトはそれらよりもずっと小さいのに、坂自体は遥かに急勾配で高低差がキツイ。

ドウロ川沿いの道路で車を降り、町のランドマークであるドン・ルイス一世橋へと歩いて向かう。石畳の道にはリスボン以上に外国人観光客があふれている。パリのエッフェル塔と同じように鉄の骨組みだけで造られたアーチ状の橋に到着し、その横の『Fish Fish（フィッシュ・フィッシュ）』というレストランに入った。ちょうどランチの時間だ。

英語で書かれたメニューには観光客向けのセットメニューが記され、前菜とデザート込み、メインディッシュは鮭、鱸、鰯、蛸、海老、バカリャウ、ベジタリアンから選べとあった。そこで僕はバカリャウのオーブン焼きを頼んだ。

ポルトガルのソウルフード、バカリャウ

バカリャウは塩漬けの干し鱈で、ポルトガル人のソウルフードと言われる。元々は大航海時代にポルトガルの船乗りが北洋で獲れた鱈をポルトガル名産の海の塩を使って長期保存したのが始まりで、今ではブラジルやマカオなど旧ポルトガル植民地でも愛される食材となっている。ポルトガルは鱈の消費量が世界第一位で、一年365日、毎日異なるバカリャウ料理のレシピが存在するそう。スーパーマーケットや市場に行けば鱈一尾まるごと腹開きのまま干した巨大な三角形のバカリャウが何重にも積み重ねて売られている。

塩漬けなので、時々水も換えながら少なくとも24時間以上水に漬け、塩を抜いて、固まった身を少し柔らかくほぐしてから料理に使う。さもないとひどく塩辛く、噛み切れないものになってしまう。

初対面の世界の同業者たちと各地のコロナ禍や、それに伴う音楽家/音楽業界人の置かれた状況などを話し合い、ヴィーニョ・ヴェルデで乾杯していると、前菜にバカリャウのコロッケ「パスティス・デ・バカリャウ」が運ばれていた。塩抜きして、ほぐしたバカリャウと茹でてつぶしたじゃがいも、玉ねぎ、パセリ、卵を混ぜ合わせて、スプーンでラグビーボール状にすくい、油で揚げたものだ。干し鱈の旨味と塩味がマッシュポテトと一つになって、素朴だが、実に美味し

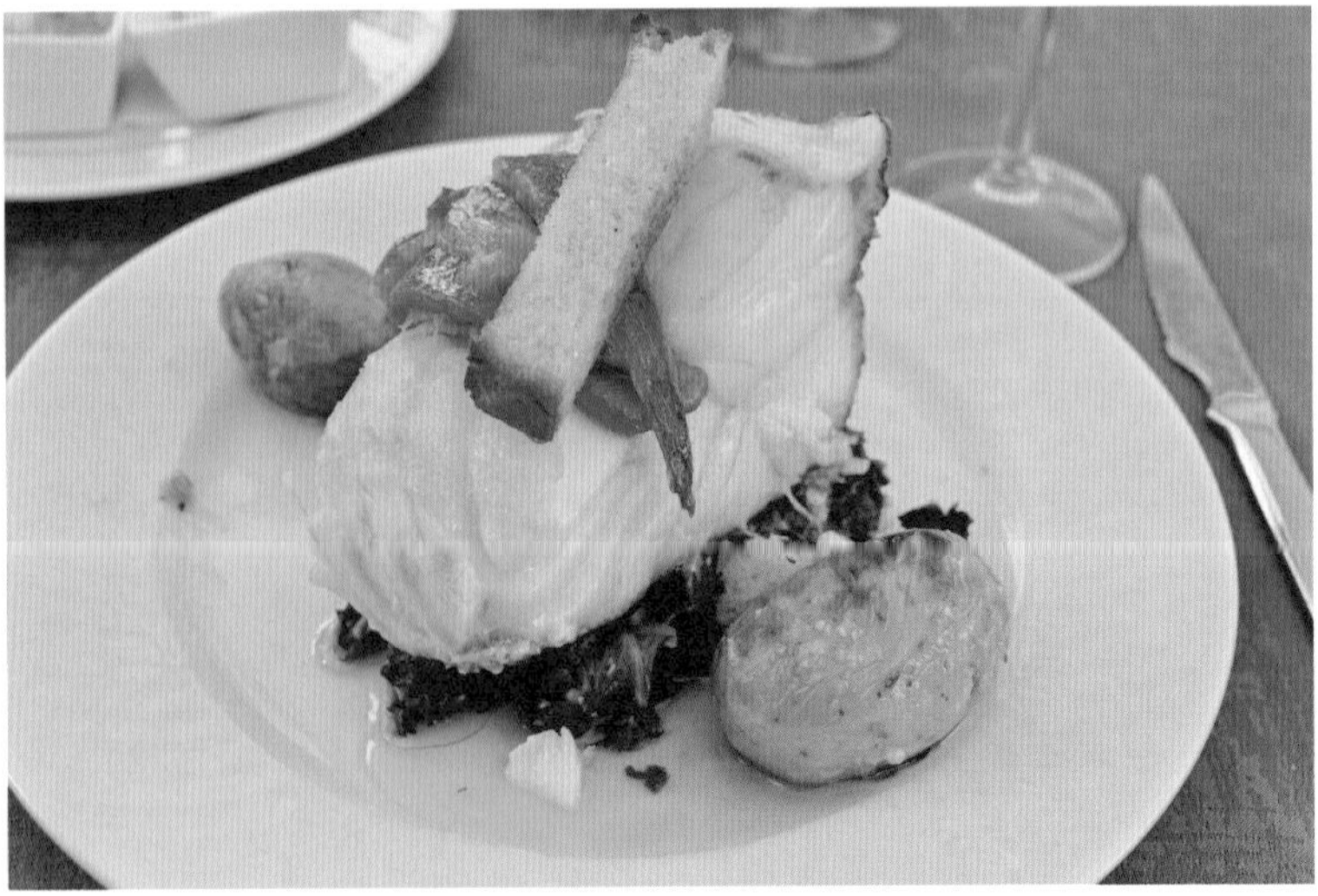

バカリャウのオーブン焼き、「バカリャウ・ア・ラガレイロ」。一皿 400g 強！

スーパーマーケットに並ぶバカリャウ。フィンランドやノルウェーのお土産屋に並んでいたトナカイの毛皮の敷物を思い出した。

こちらは蛸のオーブン焼き「ポルボ・ア・ラガレイロ」。蛸は柔らかく、表面はカリカリで美味い！

いコロッケだ。

そして、お待ちかねのメインディッシュ、バカリャウのオーブン焼き、「バカリャウ・ア・ラガレイロ」はガツンと大きな塊だ。地元産のオリーブオイルをたっぷりとかけて焼かれた、白く分厚い鱈の身の上にはオーブンで焼いた赤パプリカと青唐辛子がのせられ、下にはオリーブオイルで炒めたほうれん草が敷かれている。更にオーブンで一緒に焼いた小ぶりなじゃがいもも添えられている。

バカリャウの身にナイフを入れ、フォークで口に運ぶと、身は生の魚よりもプリプリで、熟成した魚の旨味があり、噛めば噛むほど味が出てくる。更に塩がシャキンと染み渡っていて、付け合せのじゃがいもやほうれん草を一緒に頬張りたくなる。美味い！　まるで白いステーキとでも呼ぼうか。単純に水で戻し

ポルトガルは牛肉の産地としても有名。シーフードばかりでなく、ステーキも一度は試そう！

たバカリャウにオリーブオイルをたっぷりかけてオーブンで焼くだけで、誰でも簡単に作れる料理なのに、なぜこんなに複雑な味がするのだろう？　これは塩漬けと天日干しという伝統的な技法と、熟成のための長い時間が生み出したマジックとしか言いようがない。いつかバカリャウ365日レシピを全制覇する旅なんてしてみたいなあ……。

同業者たちは一年半のコロナ禍で、あまり他人と会わずに過ごしてきただけに、初対面でも話は尽きなかった。そのため昼食を食べ終わると、既に午後2時半を過ぎていた。

行列店『アデーガ・サン・ニコラウ』の絶品海鮮雑炊

老舗のポートワイン酒蔵『サンデマン』で5種テイスティング

10月28日木曜、ポルト2日目。前日の夜はWOMEXのオープニングパーティーに顔を出した。しかし、僕は時差ボケを引きずっていて、地元の民謡楽団3組の演奏をあまり楽しめず、早々に退散した。そして、この日も早朝に目が醒めてしまった。そこで午前中から町に繰り出した。宿の横のカフェで、ポルトガル名物のエッグタルト「パステル・デ・ナタ」とカフェオレをいただいた後、メトロに乗って、ポルトの町を南に下った。すると、車輌はすぐに地下から地上に出て、

ヴィラ・ノヴァ・デ・ガイアの坂道途中からはポルト歴史地区が目の高さに見える。

前日に麓を歩いたドウロ川にかかる鉄橋、ドン・ルイス一世橋の一番上を通り、ヴィラ・ノヴァ・デ・ガイアの坂の上に到着した。そこでメトロを降り、急勾配の坂道を歩いて下った。目の高さの正面にはドウロ川を挟んで反対側のポルト旧市街歴史地区に建つ煉瓦色やオレンジ色の建物の屋根が目に入る。前日に入った川沿いのレストランも見えてきた。

ドウロ川の岸辺まで下ると、ポートワインのワイナリーが数軒並んでいた。その中から日本にも輸入されている『Sandeman（サンデマン）』というワイナリーに入った。

ポートワインは発酵の途中でブランデーを添加し、発酵を強制的に停止させた酒精強化ワイン。ポートワインはスペインのシェリー、ポルトガルのマデイラと並び、世界三大酒精強化ワインとされている。アルコール度数は

18世紀末に設立されたサンデマン・ワイナリーで5種類のポートワインをテイスティング。

20度前後と高く、残った糖分により基本的に甘口となる。

建物内は手前が商品売り場、左手がテイスティング用テーブル、そして奥が巨大な樽が並ぶワイナリーとなっていた。売り場にはホワイト、ルビー、タウニー（褐色）、そして、ヴィンテージなどの十種類ほどの商品が並んでいた。そのうちの5種類を飲み比べられるテイスティングメニューがあったので、ポートワイン初心者向けのメニューを頼むことにした。リスボンに着いてからほぼ毎日、ポートワインをトニックウォーターで割り、オレンジを浮かべたポートトニックを飲んでいたので、その元となるポートワインにも興味が出てきたのだ。癖のないホワイト、甘さとタンニンが際立つルビー、その中間のタウニー、更にタウニーの特選品、そして10年物のタウニーを飲み比べる。やはり10年物が一番複雑な芳香と味があり、美味いが、これはカクテルではなく、ストレートやロックで味わうほうが良い。

5杯のポートワインでほろ酔い気分になったので、川岸の散歩を続けよう。ドン・ルイス一世橋の一番下の歩道を通って、ドウロ川を渡り、前日にも歩いた川沿いの石畳の道、カイス・ダ・リベイラ通りを西へと歩く。ここからWOMEXの昼の会場となるアルファンデガ・コングレス・センターまでは徒歩10分ほどだ。午後は2年近く会えずにいた世界中の音楽業界の友人たちと再会するのだ。その前に軽く腹ごしらえをしておこう。

行列店の『アデーガ・サン・ニコラウ』で海鮮雑炊

昼食はカイス・ダ・リベイラ通りから細い脇道サン・ニコラウ通りの階段を数歩登ったところにある小さなお店『Adega Sao Nicolau（アデーガ・サン・ニコラウ）』へ。グーグルマップで見つけたこのお店はお昼の12時半開店だが、到着した12時に既に一組が並んでいたので、僕たちも並ぶことにした。すると開店時までに僕たちの後ろに長い列が出来ていた。

開店と同時に野外席に座り、グリーンサラダ、野菜スープ、そして名物の「アローシュ・デ・マリスコス（海鮮雑炊）」2人前、更にヴィーニョ・ヴェルデのボトルを頼んだ。

海鮮雑炊は出来上がるのに20分以上かかると言われたが、ワインを飲んで、サラダをつついて

待つこと30分、これがアローシュ・デ・マリスコス、海鮮雑炊！　大きな海老と小さな海老、ムール貝とアサリがザクザクと！　魚貝好きにとっての涅槃か？

いれば、20分なんて待つうちに入らない。

実際には30分以上経ってから運ばれてきた海鮮雑炊は直径24㎝の鋳鉄の鍋にたっぷりの量！　重たい蓋を開けると、まず海鮮の良い香りがムワ〜っと立ち上る。その湯気の中にはパプリカパウダーとトマトでオレンジ色に染まったスープ、更にスープの中にはムール貝、アサリ、むき海老、有頭海老がこれでもか！いうほど大量にぶちこまれ、ふっくらと炊きあがったインディカ米が顔を出している。そして香菜が緑色のカウンターを加えている。

レードルでお皿にすくって、海老の殻をバキバキと外しながら、お米とスープをスプーンですくっていただく。美味い！　美味すぎる！　しかも、大量で食べても食べても終わらないいくらいの量に悶絶！　三日前にいただいたアロシュ・デ・ポルボ（蛸雑炊）といい、

ポルトガルらしい料理と言えば、イワシの炭火焼きも忘れちゃ駄目だ。左手前は蛸出汁の炊き込みご飯と蛸の天ぷら

こちらといい、ポルトガルの雑炊とは、魚介ダシ好きにとっての涅槃だ！

食べ終わると午後2時前、お店の前の階段にはまだお客が並んでいた。ここは人気店なんだなあ。メニューにはほかにも「蛸炊き込みご飯と蛸天ぷら」、「蛸サラダ」、「蛸のオーブン焼き」、「鰯のグリル」、「ポルト風モツ煮込み」など美味そうものばかりが並んでいるし、このお店、滞在中にもう一回は訪れたい！

ポルトガル旅の締めは鮟鱇雑炊でムイト・ボン！

市場の魚屋で鮟鱇《あんこう》の姿を求めて

2021年11月2日火曜、5日間のWOMEX取材を終えてリスボンに戻った僕のポルトガル滞在最終日のランチは、再びサウンドデザイナーの森永泰弘さんに誘われて、「アローシュ・デ・タンポリル（鮟鱇雑炊）」の有名店『A Casa Dos Passarinhos（ア・カーサ・ドス・パッサリーニョス）』を訪れた。

今回のポルトガル滞在で、シーフードから伝統料理、ミシュラン星付き高級料理、ストリートフードまで食べ歩いた。そしてポルトガル料理は日本料理同様に出汁（主に魚介出汁）を活かした比較的簡単な家庭料理が基盤にあることを再確認した。中でも雑炊と炊き込みご飯は何度食べても飽きることはなかった。そこで旅の最後に鮟鱇雑炊を食べることにした。

鮟鱇はポルトガル語ではタンボリル。これは楽器のタンバリンと同じ語源で、要はタンバリンのような平たく丸い形の魚という意味から来ているのだろう。鮟鱇は英語では「angler fish」。これは「釣り師の魚」という意味で、頭の上に付いた長い発光性のヒレを使って他の魚を捕獲するため、そう名付けられたらしい。フランス語では「lotte」と呼ばれる。

僕は29歳の時、南フランスの街モンペリエに半年滞在していた。スーパーマーケットの魚売り場では薄いピンク色のフィレ状態に切り分けられた鮟鱇が売られていた。日本人が大好きなあん肝やあん皮は廃棄されてしまうのか、目にすることはなかった。あれでは鮟鱇のグロテスクな姿かたちを思い浮かべることも出来ないし、ましては鮟鱇料理の美味しさなど語れないだろう。

ポルトガルの魚市場では鮟鱇はどのような形で売られているのだろうか？　待ち合わせ時間まで時間があったので、まずはお店の近くにあった古い常設市場『Campo de Ourique（カンポ・デ・オウリケ）』を訪れた。

ここは近年になって全面改装され、新しいフードコートが併設されてはいるが、外国人観光客が集まるタイムアウト・マーケットと比べるとかなり小規模だ。地元民むけの果物や野菜市場、缶詰屋、そしてお待ちかねの魚市場がこじんまりと並んでいた。

氷が敷かれた平台に並べられている魚を覗くと、おお、いきなり真ん中を陣取っているのは、明

魚屋では平台の上に裏返された鮟鱇が！　あん肝が新鮮さを物語ってる。

らかにタンバリン状の魚、これぞタンボリルこと鮟鱇だ。裏返され、白いお腹の真ん中に大きな穴が開かれ、食べられない内蔵は抜かれているが、ピンク色のあん肝がしっかり覗いている。新鮮さを誇示するため内臓を見せ、裏返しに置かれているのだ。もちろん皮は剝がされていない！　さすがポルトガル人は鮟鱇の美味い部分をちゃんと知っているのだ！

　鮟鱇の右手には長くて太い足の蛸やコウイカ、奥には小さめのエイ、左には頭が落とされた大きめのホウボウ、そしてタチウオやその左手にはムール貝が並ぶ。東京の魚屋で主役を張る鮪や鯛や鮭などは、ほとんど申し訳程度にしか置いていないのが異国情緒あふれるではないか。4軒並ぶ魚屋を見学し、お土産にバカリャウの缶詰を買い、カンポ・デ・オウリケを出た。

市場の一角にあった缶詰専門店。缶のデザインがキャッチーで、お土産にもぴったり。

そこから10分歩いて到着したア・カーサ・ドス・パッサリーニョスの前で、森永さんが待っていてくれた。

「サラームさんのインスタグラム投稿を見て、雑炊ばかり食べ歩いているので、きっと鮟鱇雑炊を気に入るはずと思って案内しました」

そう、僕は白飯よりも味付きのご飯、インド亜大陸のビリヤーニーや中央アジアのポロやトルコのピラウなどのほうが断然好きなのだ。そこに今回の滞在でポルトガルのアローシュが加わった。この際、アローシュはヨーロッパ大陸で一番美味い米料理と言ってしまおう！

鮟鱇雑炊をお皿に取り分けて。見て、このあん肝の量！　ポルトガルの旅を締めるのにふさわしい料理だ！

鮟鱇雑炊には
プリプリの身と
フォワグラのような
あん肝入り！

例によって注文してから20分以上待たされた後、直径22㎝の琺瑯鍋いっぱいに二人分の鮟鱇雑炊が運ばれてきた。レードルでお皿に盛り付けると、トマトとパプリカパウダーによるオレンジ色のスープの中に、皮の付いた鮟鱇のプリプリの身とフォワグラのような大量のあん肝と頭を落とした海老がこれでもか！　これでもか！　と入ってる～！　おお、なんという贅沢！　冬の茨城県大洗町にでも行ったかのフルボリュームだ。

では、いただきま～す！　うん、（しばし無言）そして、ボン！　ムイト・ボン！　これは美味い！　美味すぎる！　アレンテージョ家庭料理店の蛸雑炊もポルトの魚介雑炊も美味かったが、ここの鮟鱇雑炊もやはり絶品だ。鮟鱇の身とあん肝、海老などの食感と味の違い、お米に沁みた滋味あふれた鮟鱇出汁。そして食べた後に口の中に残るギトギト感。鮟鱇＝タンバリン魚を丸ごと食らっているようで、気分がハイになる〜！しかも作るのは簡単そうだ。

日本に戻ると、ちょうど冬が始まる。贔屓にしている駿河湾の魚屋さんの通販サイトに鮟鱇が並んだら、すぐにでも取り寄せてアローシュ・デ・タンボリルを再現しよう。

平皿に何度も何度もお代わりしながら、2人がかりで大きな鍋をあらかた空にした頃、数日前にWOMEXの会場で森永さんに紹介されていたインドネシアの音楽プロデューサー、Franki Raden（フランキ・ラデン）さんが顔を出した。彼はインドネシアの伝統音楽のショーケース『IMEX』を翌年の春に開催し、そのプロモーションのためにWOMEXに参加していたのだ。

「サラームさん！　ぎりぎり間に合って良かった。来年春のIMEXには必ず来て下さいね。それだけ言いたくて、車を飛ばしてきました」

この旅では最初から最後まで人と出会い、人と話し、食事をともにしていた。しかし、それこそ2020年春にコロナ禍が始まって以来、世界中で最も足りていなかったことだったのだ。

右が森永泰弘さん、左はインドネシアの民族音楽エキスポ『IMEX』の主催者フランキ・ラデンさん。彼に誘われ、半年後の2022年3月にバリ島を訪れることとなった。

WOMEXでは5日間で30組近くの演奏を観た。中でも光っていたのはモロッコとフランスの四人組モロッコ民謡サイケデリックロックバンド、Bab L'Bluz。ヴォーカリストのユスラは北アフリカのジャニス・ジョプリンとでも呼びたい！

材料：３～４人分

生蛸………700g
（または茹でダコ:600g）
玉ねぎ………1/2個
にんにく………２かけ
月桂樹の葉………２枚
黒粒胡椒………小さじ１
鷹の爪………２本
EXVオリーブオイル………大さじ３
水………1.5リットル

玉ねぎ………1個
にんにく………１かけ
香菜………根付きのもの３枚
完熟トマト………２個（500g）
または完熟トマト缶１個
パプリカパウダー………小さじ１
カイエンヌペッパー………小さじ１
トマトペースト………大さじ１
白ワイン………1/2カップ
塩………適宜
バスマティライス………300g
オレンジのスライス………1個分
マッサ・デ・ピメンタオン
（ポルトガルのパプリカペースト）
………少々

作り方

❶生蛸は大量の塩をふりかけ、表面をこすり、ぬめりを洗い流す。頭を裏返し、内臓や目玉、嘴を切り取り、食べやすい大きさにぶつ切りにする。

❷圧力鍋に1の蛸、玉ねぎ、にんにく、月桂樹の葉、黒粒胡椒、種を除いた鷹の爪、EXVオリーブオイル、水を入れ、蓋をして、火にかける。圧力鍋の説明書に沿って５～１０分加圧し、火を停める。

❸圧力が落ちたら、ザルに開け、蛸を取り出し、香味野菜やスパイスは捨て、スープは保管しておく。

❹バスマティライスは洗って、水に漬けておく。残りの玉ねぎとにんにくは粗みじん切り。香菜は根の部分を切り、残りは粗みじん切り。トマトはチーズおろしで皮を残してすりおろす。

❺底の厚い大きな鍋にEXVオリーブオイルを熱し、玉ねぎとにんにくを炒める。透明になったら、香菜の根、トマト、パプリカパウダー、カイエンヌペッパー、トマトペーストを加え、よく混ぜ合わせてから、白ワインと3のスープを入れる。

❻スープが沸騰したら、水を切ったバスマティライスを加える。再び沸騰したら、1の蛸のぶつ切りを加え、蓋をして弱火にし、底が焦げ付かないように時々かき混ぜながら、15分炊く。

❼お皿にとりわけ、オレンジのスライスをのせ、刻んだ香菜を散らしていただく。

＊お好みでマッサ・デ・ピメンタオンをかけて。

アローシュ・デ・ポルボ　蛸雑炊

第6章

トルコ／ザ・ハーブズメンと食い倒れ旅

ハーブを使える男たちの料理集団ザ・ハーブズメン

ザ・ハーブズメンとは？

2022年6月、The Herbsmen（ザ・ハーブズメン）のメンバー3人を連れて、イスタンブルとエーゲ海の町アラチャトゥに一週間の食い倒れツアーを行った。

ザ・ハーブズメンは、東京スパイス番長／東京カリ〜番長／カレースターなど様々な名前を持ち、カレー〜インド料理に関する著作をすでに60冊も刊行してきたカレー研究家の水野仁輔さんが言い出しっぺとなり、ハーブを使った料理を得意とする料理人たちが集まった料理ユニット、というか、秘密結社というか、不定形集団、要は音楽で言うところのバンドのようなものである。

The Herbsmen の中心メンバー。後段左からシャンカール・ノグチ、内藤千博、栗田貴士、水野仁輔、前段左から社長、サラーム。

現在の主なメンバーは水野さん、僕に加えて、スパイス貿易会社インド・アメリカン貿易商会の代表取締役で、やはりスパイスやインド料理に関する著作も多いスパイスハンターのシャンカール・ノグチさん。千葉県四街道市にある農園『Kiredo（キレド）』のオーナーの栗田貴士さん。外苑前のモダン・ベトナム料理レストラン、『An Di（アンディ）』のシェフの内藤千博さん。そして、ビジュアル担当として音楽グループ『Soil & Pimp Sessions』のリーダーでもある社長。2023年春には渋谷のタイ料理チョンプーのシェフの森枝幹さんも加わった。更に水野さんが親しくしている料理研究家や彼が主宰する「カレーの学校」のOG／OBたち、料理カメラマンや料理本や雑誌の編集者たち、タブラ奏者のU-zhaanやDJ Kawasakiも時折顔を出す。

キレドの畑からその場で収穫した野菜を調理する。

コロナ禍真っ最中だった2021年春から月に一度、キレドの畑に集まり、その場で畑から収穫した旬の野菜とハーブを使って、メンバーがそれぞれ得意料理を作るという研究会／発表会を行ってきた。

キレドは慣行農法／大量生産の農家とは異なり、年間に150種類以上もの野菜やハーブを栽培している。例えば、茄子やミニトマト、ビーツ、人参、大根、かぼちゃ、蕪、ズッキーニ、パプリカ、唐辛子、オクラ、じゃがいもなどは数種類ずつ育てている。それぞれに大きさや色、香り、固さ、水分などが異なり、当然味も違うし、向いた料理や調理法も異なってくる。カーボロネロやケール、ちりめんキャベツ、食用ほおずきなど、珍しい野菜も充実している。ハーブもパセリ、各種ミントやバジル、タイム、オレガノ、タラゴ

ザ・ハーブズメン、ある日の前菜三種。トレヴィスとフルーツ蕪と柿のサラダ、フェンネルとオレンジのサラダ、スウィート・ハラペーニョの素揚げ。

ン、フェンネル、香菜など選り取り見取りだ。
　そんな畑で毎月変わる旬の野菜とハーブを使って料理を作り始めると楽しくて通うのをやめられなくなる。しかも、水野&シャンカール組はインド料理、内藤シェフはベトナム料理、森枝シェフはタイ料理、栗田さんはイタリア家庭料理、そして僕は中東料理を作るので、毎回、何かしらの知らない味に出会えるのだ。何よりも僕を含めてメンバーそれぞれが結構忙しい身にも関わらず、仕事をサボって、毎月一度集まって、調理し続けている。お金のためでも仕事のためでもなく、純粋に好奇心と食欲のため、いわば無心のオトナの集会である。

　こうした活動を続けるうち、水野さんたちから、トルコで本物のトルコ料理、特にケバブを食べ尽くしたいので、ぜひ連れていってくれと頼まれた。

トルコ食い倒れツアーの事前準備

これまで水野&シャンカール組は「東京スパイス番長」名義で何度もインド亜大陸に出かけ、食い倒れ出張を続けてきた。今回はザ・ハーブズメン名義でトルコ料理旅というわけだ。

毎回中東に出かけて、美味しい料理に出会う度に、この味をもっと多くの友人たちに知ってもらいたいと思っていた僕には願ったり叶ったりだ。そこで、キレドの畑作業の閑散期の6月中旬に一週間ほど、水野、シャンカール、栗田、サラームの4人でトルコに行くことにした。

どの店でどんな料理を食べるかを決めるのは　30年以上もイスタンブルとトルコに通い続け、ひたすら美味いモノを追求してきた僕の役目である。これまでの自分の著作や原稿を読み返し、撮りためた料理写真を見直して、下記の9つのテーマを書き出した。いわば僕のトルコ通いの集大成的な美味いモノセレクションである。

1　炭火焼きケバブ『Easap Osman』
2　老舗メイハネでメゼ三昧『Yakup 2』
3　アジア側の街カドゥキョイでストリートフード食べ歩き

4　15世紀から伝わるレシピ、オスマン宮廷料理
5　老舗ロカンタで煮込み料理
6　モダン・トルコ料理とトルコのナチュラルワインペアリング『Neolokal』（68頁参照）
7　エーゲ海アラチャトゥの宿で世界一の朝食『Villa Taraça Alaçatı Romantik Otel』（12頁参照）
8　アラチャトゥでハーブ三昧のエーゲ海料理『Asma Yaprağı』（40頁参照）
9　アラチャトゥ近郊のワイナリーの村ウルラで薪火料理とワインペアリング『Oda Urla』

テーマとお店が決まったら、移動時間やお店の場所や定休日を調べ、料理のバランスなども考慮しながら、Googleスプレッドシートで一週間のスケジュール表に並べていく。そして空いた隙間に優先順位の低いお店や場所を当てはめる。簡単なように思えるが、定休日や営業時間を考慮せずに埋めても、やはり上手くはいかない。何から先に食べるかの順番を決めるのも意外と重要だ。また、酒好きのメンバーが多いだけに、アルコールを飲める店と飲めない店の区別も行っておく。その時のスケジュール表とGoogle Mapを特別に読者に公開しよう。

宿は栗田さんがAirB&Bで見つけてきたガラタ塔徒歩1分の距離にある、１３０㎡の３ＬＤＫのアパートホテルを予約した。ガラタ塔は原宿竹下通りや週末の鎌倉や京都並のド観光地だが、新

イスタンブルガラタ塔徒歩一分に位置する130㎡のアパートホテルのリビング。ここからザ・ハードボイルのトルコ食い倒れ出張が始まる！

市街、旧市街、アジア側に渡るフェリー乗り場など、どこに行くにも交通の便が良い。そしてアパートホテルには大きな冷蔵庫やキッチンが付いているので、その気になれば料理も出来る。

宿さえ決まれば、後は4人がそれぞれ日程を合わせて飛行機を予約して、現地集合すれば良い。急激な円安とウクライナ戦争に伴う原油高でイスタンブル往復の航空運賃は高騰していたが、6月11日には全員がイスタンブルの宿に現地集合し、18日以降それぞれ別々に帰国するスケジュールが決定した。

ＮＨＫのテレビクルーまで付いて来ることに！

更にこの頃、水野さんにＮＨＫのテレビク

ルーが同行することが決まった。長年一匹狼ならぬ一匹羊のフリーランスとして生きてきた僕は、テレビの取材依頼が来たら、何はなくとも「だが、断る！」と決めている。ラジオなら音声だけで済むが、テレビは撮影とその準備に大きく時間が取られる。それが大嫌いだからだ。今回メンバー4人はそれぞれ忙しいスケジュールをやりくりして、自費でイスタンブルに集まる。時間こそ最も貴重なのだ。それを撮影待ちなどの無駄な時間に一瞬たりとも奪われたくはない。

そこで、水野さんと番組ディレクターとミーティングを行い、その後もスケジュールのすり合わせを入念に重ねた上で、撮影関係の無駄な時間を一切受け付けないという条件で、7日間のザ・ハーブズメン・トルコ食い倒れツアーにテレビ撮影を無理やりガッチャンとドッキングさせた。そうは言っても、全員旅慣れたオトナだし、僕は勝手知ったるイスタンブルの街、多少は待たされたところで臨機応変に対応出来るし、それにテレビカメラとトルコ語通訳が入ることで、これまで一般のお客として訪れただけでは知ることができなかったトルコ料理の一面が見えるかもしれない。何よりもトルコ料理〜中東料理の美味しさが日本のお茶の間に少しでも広まるのは嬉しい。日本の一般レベルでは未だにドネル・ケバブとサバサンド、トルコアイスだけがトルコ料理だと思われているだろうし……。まあ、物事の良い面を見るようにしよう……。

こうして6月9日木曜夜、僕は羽田空港からイスタンブルへと半年ぶりに旅立った。

夜のガラタ塔周辺。

ドネル・ケバブの王者『カサップ・オスマン』

イスタンブルを代表するスパイス市場

2022年6月11日午前9時過ぎ、雨がポツポツと降るイスタンブル旧市街エミニョニュ地区エジプシャン・バザール。僕はザ・ハーブズメンのメンバー、水野仁輔さんと一緒にNHKの撮影クルーを待っていた。

水野さんは前夜にパリからイスタンブルに到着していた。そして残り二人のザ・ハーブズメン、シャンカール・ノグチさん、栗田貴士さんはこの日の午後にイスタンブルに到着する予定である。

ほどなくしてエジプシャン・バザールの正面入口にカメラマンのTさん、音声のAさん、現地

地方からのお上りさんと外国人観光客でごった返すエジプシャン・バザール。上野アメ横と相通じて。

コーディネーター兼通訳のEさんが現れた。この日の撮影はエジプシャン・バザール内のスパイス店、そして旧市街シルケジ駅近くの老舗ケバブ店の二箇所だ。

まずはエジプシャン・バザール内のスパイス店から。僕はこれまでこの市場内のスパイス店で買い物をしたことはほとんどなかった。というのも、場内は常に外国人観光客でごった返し、客引きが次々と現れ、慇懃無礼な日本語で話しかけてくるからだ。その上、地元向けの店よりもはるかに値段が高い。スパイスやハーブを買うなら、地元向けの地味な外観の店に行くほうが良い。

要するにここは僕には縁のない観光地なのだ。しかし、トルコ初訪問の水野さんには、二千年近い歴史を持つ街イスタンブルを代表するきらびやかな市場であり、遠くシルクロードの果てから様々なスパイスが集まるエジプシャン・バザールを一度は見てもらいたかった。それにテレビの撮影にはこの市場のきらびやかな雰囲気が映えるはずだ。

メイン通りに数多く並ぶキラキラしたスパイス店のうち、番組クルーが事前に話を通しておいたお店に入った。

こうしたスパイス店が扱っているのは主にスパイス、ハーブ、お茶、トルコ菓子など。入り口脇の壁に設置されたスパイスとドライハーブ用の仕切り棚を覗くと、パウダースパイスはクミン、ターメリック、黒胡椒、プルビベール（塩入りの赤唐辛子フレーク）などが、ホールスパイスはカルダモンや粒胡椒、クローブ、ウコン、生姜などが、ドライハーブはザータルやケキッキ（とともにタイムやオレガノの亜種）、スマック（ゆかりや赤紫蘇に似た酸っぱいハーブ）やナーネ（スペアミント）などが並ぶ。サフランやピスタチオパウダーなど高価なものは別の棚や冷蔵庫に保管されていた。やはりインド亜大陸のスパイス店と比べると種類は少ない。それでも、見る限りスパイスの質はかなり良い。カルダモンは実がプクっと膨れていて鮮やかな緑色、サフランはひとつまみカップの水に浮かべただけで、水がサーっと真黄色に染まるほどだ。なるほど、値段が高いのにはそれなりの理由があるわけだ。

きらびやかなスパイス屋の店頭にはケバブ用、サラダ用、チキン用、魚用などに調合されたミックススパイスが目立つ。

ミックススパイスの新たなニーズ

陳列棚上で単体のスパイスやハーブよりも目立つのが、ケバブ用、ドルマ用、サラダ用、チキン用、ポテト用、魚用、キョフテ用、スープ用、シャワルマ用など、一つの料理に特化して調合されたミックススパイスだ。中には「マギーとカルダモン」なんてものまである。トルコではマギーブイヨンも立派なスパイスの一種なのか⁉　まあ、東南アジアにおける「アジノモト」と同じと考えれば、あながち間違いではないかも……。

自身でもミックススパイスのサブスクリプションサービス「AIR SPICE」を運営する水野さんはそうしたミックススパイスに興味を

持ち、それぞれ味見をして、その場で使われているスパイスの名前を一つ一つ挙げ始めた。するとお店のマネージャーは感心し、彼が言い当てられなかったスパイスや秘伝の調合まで教えてくれた。

僕が知る限り、トルコ料理にはインド料理やタイ料理のように複数のスパイスやハーブの組み合わせをふんだんに駆使する料理はない。基本的にケキッキ、プルビベール、黒胡椒、ナーネ、スマック、クミン、パプリカ、シナモン……これだけあれば、ほとんどの料理は作れる。しかし、現代人はせっかちで面倒くさがりだ。料理に合わせて自分でスパイスを組み合わせるよりも、プロによって調合されたミックススパイスを使うほうが手軽だし、間違いないと考える。そのためトルコでも、日本でも、インドでも、ヨーロッパでも、こうしたミックススパイスのニーズが生まれているのだろう。

1964年創業の老舗ケバブ店『カサップ・オスマン』

エジプシャン・バザールの撮影に続いて、次の目的地、シルケジ駅近くの老舗ケバブ店『Kasap Osman（カサップ・オスマン＝肉屋のオスマン）』に向かった。

地方都市からの電車の終点シルケジ駅は東京で言えば上野駅のような場所。周辺には地方から来た労働者たちがたむろう。そのため庶民的な食堂、ロカンタやケバブジュ（ケバブ屋）、ピデジ

ニッポンよ、これがドネル・ケバブだ！　開店直後の肉塊の大きさ、そして肉塊の後ろに燃え盛る炭火を見たまえ！　多層状態の牛肉に白い子羊の脂が織り込まれているのだ！

（ピザ屋）、キョフテジ（肉団子キョフテ屋）などが幾つも並ぶ。近年は再開発が進み、味気ない全国チェーンの店もだいぶ増えたが、中には半世紀も続く銘店が残っている。

カサップ・オスマンは1964年創業の老舗ケバブ店。僕はこの店こそイスタンブルにおけるドネル・ケバブの王者だと思う。

「回転するケバブ」を意味するドネル・ケバブは、今では日本の駅前のフードトラックやお祭りの屋台でもすっかりおなじみとなった。下味を付けた薄切り肉を垂直に立てた串に刺し、何重にも積み重ねて樽状に形成し、それを専用の縦型グリルで回転させながら焼き、焼けた表面を削ぎ切りにする。本場トルコではどの街角にも専門店が並ぶ、ごく一般的なファストフードだ。

通常、ドネル・ケバブはガスの火で焼くが、カサップ・オスマンでは炭火を使ってボーボーと焼いている。しかも、樽状の肉塊は通常のものよりも一回りも二周りも大きく、なんと重量80kgもあるそうだ！　それが夕方に行くと、売り切れていたりもする。庶民は美味しいものをわかっているのだ。

炭火焼きなのでスモーキーな風味があり、しかも肉はホロホロで、ラムの脂がもたらす香りや食感もすばらしい。その上値段も安い。毎回、ドネル・ケバブの皿盛りを頼むが、ついついお代わりしてしまうほどだ。

僕がこの店を知ったのは長期のバックパック旅行をしていた1996年だった。以来、25年以上、何度も訪れてドネル・ケバブを味わってきた。しかし、僕はトルコ語が満足に話せないので、このお店の美味さの秘密は尋ねられないままだった。今回はテレビカメラと通訳が入ったことで、初めてお店の主人、肉屋のオスマンさんと話ができた。

ノー・スパイス！

「私は1964年から毎朝80kgの肉を薄切りにして、マリネして、何重にも積み重ねてきました。肉は牛肉で、ラムの脂をかぶせています。元々肉屋だったので、肉の質にはこだわっています」

～マリネにはどんなバハラット（スパイス）を使うのですか？

「バハラット・ヨク！（ノー・スパイス！）。スパイスは使いません。塩と牛乳、ヨーグルト、そ

1964年からドネル・ケバブを仕込み続けてきた店主のオスマンさんとついに対面！

して白胡椒だけです」

おお！　なんとスパイスは使わない!?　そうでしょう、そうでしょう！　「トルコ料理＝スパイシー」という、これまで精査されないままに広まってしまった既成概念を一撃でぶち壊してくれるとは痛快だ！　半世紀もの間、来る日も来る日も肉を扱ってきたオスマンさんの言葉は重いのだ。

もちろん、焼き上がったケバブには、テーブルの上に置かれたプルビベールやケキッキなどのスパイスやハーブを振りかけるが、マリネの段階ではスパイスは使わない。それでも、塩と牛乳、ヨーグルト、白胡椒、そして熱により沁みだすラムの脂と炭火の香りが、得も言えぬスパイシーな風味を肉に与えるわけか。

話を聞いているうちに、専用グリルにセットしたばかりの80kgの肉塊の表面が炭火の遠赤外線で赤褐色に焼け、炭火で焼ける香りが漂ってきた。若いケバブ職人は左手に持った長い木のへらで肉塊をクルクルと回し、焼けたところを手前に向け、右手に持った日本刀の脇差のような細長いナイフでそぎ切りにしていく。すると下の受け皿に、まるで鉋（かんな）で削ったように薄いシート状のドネル・ケバブがはらりと落ちてくる。話はここまでにして、席に着いてドネル・ケバブをいただきま～す！

「水野さん、ドネル・ケバブの王様の味はいかがですか？」

「これは美味いですねえ！　黒胡椒でなく白胡椒なのが良い。しかも牛肉にラムの脂が効いていている。美味い！　しかし、シャンカールと栗田くん、これを食べられないなんて、悔しがるだろうなあ。そうだ。彼らを連れて明日もう一度ここに来ませんか？」

もちろん！　美味いケバブなら何回でもウエルカム！　実際、翌日の午前中、残りの二人を連れてカサップ・オスマンを再訪したのだった。

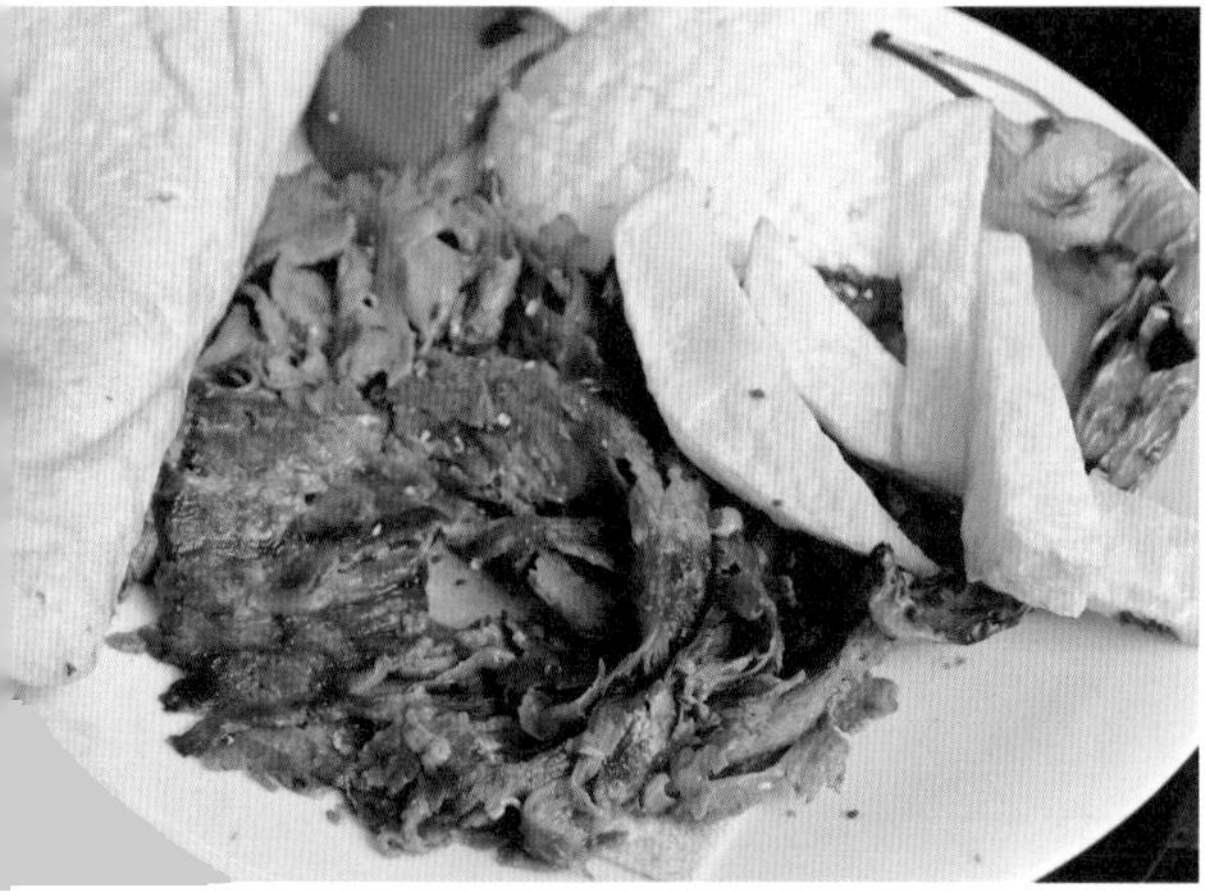

これがカサップオスマンのドネル・ケバブのポーション（肉皿）。美しい！　カンナで削ったようにシート状だが、実は極めて複雑なテクスチャー。これを食べたら、もう日本のドネル・ケバブなんて食べられない！　約600円。

イスタンブル新市街で大人の飲み歩き

ザ・ハーブズメン全員集合

２０２２年6月11日土曜の午後、イスタンブル旧市街でのドネル・ケバブ取材を終え、新市街ガラタ塔近くの宿に戻ると、シャンカール・ノグチさんと栗田貴士さんが相次いで宿に到着した。これでザ・ハーブズメン、イスタンブル食い倒れ出張のメンバーが勢揃いした。彼ら二人も水野仁輔さん同様、トルコに来るのは初めてだ。さて、何を真っ先に食べたい？

「当然、ケバブでしょう！」とシャンカールさん。彼はスパイス貿易会社「インド・アメリカン貿易商会」の代表取締役であるだけでなく、オーストラリア政府公認のラム肉ＰＲ大使「ラムバ

ザ・ハーブズメン、イスタンブルを行く。

サダー」でもある。ラム肉料理の世界最高峰の一つと言われるトルコのケバブを食べ尽くすのは彼にとっては今回の旅の重要なミッションなのだ。

早速宿からガラタ塔前広場に出ると、観光シーズンの土曜の午後だけにすごい人混みだ。広場のレストランやバーのテラス席には主にアラブ諸国とヨーロッパからの外国人観光客、そして裏通りのカフェには地元の若者たちがたむろっている。

炭火焼きケバブ店で一人前のラムバサダーに?

新市街の目抜き通り、イスティクラル大通りを北に3分ほど歩き、老舗のメイハネやバーが並ぶアスマルメスジト通りを左折すると、ゆるい下り坂の途中にこじんまりしたケバブ店『Bilice Kebab（ビリジェ・ケバブ）』が見つかった。ここは現地コーディネーター兼通訳のEさんが取材の候補として挙げていた店だった。あいにく取材はなくなったものの、前夜のうちにお店に行ってメニューをチェックしたところ、置いている肉の種類がやたらと豊富。ラム肉のシシケバブから、挽き肉を練ったキョフテ、ラムチョップ、スペアリブ、フィレ、ロースの脂包焼、ぶつ切り、レバー、ハツ、脾臓、腎臓など、鶏も手羽中や腿など約20種類。珍しいところではラムの睾丸まであるのだ！

「睾丸ですか⁉　一人前のラムバサダーになるにはぜひ睾丸のケバブを食べないと！」と、どんな理屈だかわからないけれど、ニコニコ顔のジャンカールさん。そこで路上のテラス席に陣取り、ぶつ切り串焼きの「チョップシシ」、フィレの「キュシュレメ」、スペアリブの「カブルガ」、睾丸の「コチ・ユムルタ」を頼んだ。残念ながら睾丸は売り切れだったが、旅は始まったばかりだ。

注文するとすぐに、直径60㎝ほどの表面を銀メッキした真鍮製のお盆が運ばれてきた。お盆の円周に沿って、直径12㎝の丸皿が8個並び、レタスやサラダ菜、ホモス、ヨーグルト、トマトと赤唐辛子のペースト、マッシュポテト、玉ねぎと赤パプリカのオリーブオイル炒めなどがそれぞれちょこんとお慰み程度の量のっていたが、この店ではメゼやサラダに期待してはいけない。ケバブこそ食べるべきものなのだ！　お店の中からは常に炭火で焼いたラムの香りが煙とともにモクモクと流れてくる。この煙を浴びるだけでも来た甲斐があるというものだ。

前菜やサラダの並んだ大きなお盆の真ん中に焼かれたばかりのケバブが次々と届く！中央左がチョップシシ、中央右が厚切りフィレ肉のキュシュレメ。ラムバサダーのシャンカールさんも大絶賛。

様々な部位のラム肉炭火焼きが美味すぎる！

数分待っていると、冷めないように薄焼きパンのラワシュに覆われたケバブが続けて運ばれてきた。日本の焼き鳥よりも小さなぶつ切りをやたらと長い金串に刺し炭火で焼いたチョップシシを串から外し、まずはそのまま口に頬張る。美味い！　正肉7割、脂3割くらいの組み合わせで、炭火で焼けた脂が肉にコーティングされていて、その臭みがたまらないのだ！　トルコの一味唐辛子にあたるプルビベールをふりかけていただく。

フィレ肉の厚切りの串焼き、キュシュレメはトルコ南東部ガジアンテップの名物料理として知られる。フィレ肉はラム一頭から数

100gしか取れないため、イスタンブルの庶民派ケバブ店ではあまり目にしない。それを初日から食べられるとはラッキー！　トルコでは肉の焼き方は基本的にウェルダン。レアやミディアムレアなんてのはありえない。そこまで焼いてもフィレ肉は十分に柔らかい。

そして少し遅れて最後に届いたのは骨付きスペアリブをそのまま炭火焼きしたカブルガ。フランス料理のラムラックやラムチョップなどでは切り落としてしまう脂の多い部分だが、庶民派な店だけにラム一頭どこも無駄にしない。それに骨の周りの肉が不味いわけない！

「このお店、何を食べても美味いです。滞在中もう一回来たいなあ。それにどうにもお酒が欲しくなるなあ。でも、ケバブ屋にはお酒は置いてないんですよね。どうすればいいんですか？」と悲しそうな栗田さん。

そうなのだ。多くのケバブ屋は表向き敬虔なイスラーム教徒が経営しているため、お酒は置いてない。だが、安心したまえ！　アスマルメスジト通りはイスタンブル新市街が誇る飲み屋通りでもある。3軒隣には老舗のメイハネ『Yakup 2（ヤクプ・イキ）』があるのだ。炭火焼きケバブを満喫した後は、河岸を変えて、正統派メイハネでメゼとラクと行こう！

老舗メイハネで「シェレフェ（乾杯）！」

さすがに土曜日なのでヤクプ・イキの屋外テラス席は予約で埋まってしまっていたが、午後6

老舗メイハネ『ヤクプ・イキ』で頼んだ６種類のメゼ。中央上から時計回りに、アッケシソウ、黄色レンズ豆のファヴァ、カタクチイワシのチロズ、カーボロネロのピクルス、水切りヨーグルトと唐辛子オイルのアトム、中央がメロンと白チーズ。

時前と少し早い時間だったおかげで、まだ店内のテーブル席は空いていた。

メイハネに来たら当然ラクとメゼ。特にこの店はマルマラ海に面するイスタンブルらしい海の幸とハーブを使ったメゼが美味い。大きなお盆に載せた十数種類のメゼの中から僕がいくつか選んだ。そして、ラクの水割りで「シェレフェ！　乾杯！」。日本からの長い旅路お疲れ様！

メイハネに来たら真っ先に食べたいのが「カウン・ベヤズ・ペイニル（メロンと白チーズ）」。ギンギンに冷やした甘くジューシーなメロンに塩気と酸味のある白チーズの組み合わせが濃厚なラクとよく合うのだ。僕はメロンを一瞬で食べきってしまい、メロンだけその場でお代わりした。

続いて「チロズ」。ディルの生葉をたっぷりのせたカタクチイワシの酢漬けスモークである。これもラクとよく合う。

三品目は「ファヴァ」。乾燥レンズ豆を煮つぶして、ディル、玉ねぎを混ぜ込んだペースト。これはギリシャでも一般的なメゼだ。

更に「アトム」。水切りヨーグルトにおろしにんにくと塩を混ぜ込み、上に赤唐辛子オイルを回しかけたもの。これまたラクと合うが、赤唐辛子が辛いので要注意だ。

アッケシソウの「デニズ・ビョリュルジェスィ・サラタス」。にんにくとオリーブオイルで煮浸しにして冷やしたものをいただく。

つづいては「カララハノ・トゥルシュス」。近年日本でも見かけるようになったカーボロネロを少々のとうもろこしとともに酢と塩だけで漬け込んだピクルスだ。

最後に定番の羊飼いのサラダ「チョバン・サラタス」。トマトときゅうり、玉ねぎ、イタリアンパセリのざく切りサラダである。

ディルやアッケシソウ、カーボロネロなどの調理法は150種類以上の野菜を育てている農園キレドの栗田さんにとっても新たな発見があったようで、一口食べるごとに、なるほど～！　と感心していた。

ラクの小瓶を飲み干し、お店を出るとまだ午後8時。夏の日没は9時前なので、まだまだ空は明るいし、帰るには早い。三軒目行っちゃおうか？

ガラタ塔脇の穴蔵ワインバー

今度はガラタ塔まで戻り、塔のすぐ横のブティックホテルの地下にある穴蔵ワインバー『Sensus（センスス）』を訪れた。ここは壁面に数百本のワインが収められ、ジャズの生演奏も行われていて、かなりオシャレな雰囲気。トルコの様々な地域のワインが意外と手頃な値段でいただける。

さすがにお腹はいっぱいなので、チーズの盛り合わせと、ワインは僕のお気に入りのエーゲ海地方のワイナリー、『Kastro Tireli（カストロ・ティレリ）』のオレンジワイン「Hermos（ヘルモス）」を注文した。

現在のイスラーム教寄りの政府はアルコール産業を厳しく管理しているが、トルコは紀元前4000年からワインを作っていた世界のワイン発祥地の一つ。約1200種類の葡萄が育てられ、そのうちのわずか3％だけがワインに用いられている。国際品種の葡萄を使ったワインに加え、ローカル品種のワインも多く、近年は少しずつだが、ナチュラルワインも作られ始めた。

このヘルモスは第一章で紹介したレストラン『ネオローカル』の人気シェフ、マクスットに教えてもらった。ナーリンジェというローカル品種とヴィオニエのブレンドで、柑橘系の香り、味は杏とハチミツ、そしてナチュラル特有のヨーグルトのような味も残る。これは美味い！　トルコでナチュラルワインを置いている店は限られているが、見つけたら在庫を買い占めるべきワイ

三軒目は宿の近くのワインバー『センスス』へ。さすがに皆さん酔いが回ってきた。先は長いのでそろそろお開きにします。

ンだ。
さて、夜もふけ、さすがに酔いも回ったが、翌日は旧市街スルタンアフメト地区でオスマン宮廷料理の取材が待っている。美味い料理と美味いワイン、そして食い倒れ無用な仲間たちに囲まれ、この後の日々がますます楽しみになってきた。

『デラリエ』のオスマン宮廷料理教室

オスマン宮廷料理とは？

2022年6月12日日曜午後、テレビ撮影のため、旧市街スルタンアフメト地区にあるオスマン宮廷料理のレストラン『Deraliye（デラリエ）』を訪れた。

オスマン帝国は14世紀から20世紀初頭まで、西アジア地域と地中海地域の広範囲を支配した世界帝国。

元々、中央アジアの遊牧民だったテュルク系民族が10世紀頃にイスラーム教を信奉し始め、現在のトルコ共和国の大半を占めるアナトリア半島に定住した。そこで生じた無数の君侯国の中から、13世紀の終わりにオスマン帝国が生まれた。

15世紀には第7代スルタン（皇帝）メフメト二世が東ローマ帝国の首都コンスタンティノープル（現在のイスタンブル）を陥落、東ローマ帝国を滅ぼし、アナトリア半島を領土とした。17世紀の最盛期には、西はモロッコから東はアゼルバイジャン、南はイエメンやエリトリアから北はハンガリーやウクライナまで帝国の版図は広がった。

首都のイスタンブルには帝国全域からの珍しい食材や料理が集まった。それらが宮廷で、スルタン付きの医師兼調理人によって整理されたものが「オスマン宮廷料理」とされる。医師兼調理人はレシピをオスマン語で記録し、その一部は現代トルコ語に翻訳され、書籍として発売されている。

現在、イスタンブルには星の数ほどのレストランが存在するが、オスマン宮廷料理を掲げるレストランは片手の指の数ほどしかない。現代のトルコ料理とは使う食材や味付けも大きく異なるためである。

僕は以前、旧市街ファーティフ地区にあるオスマン宮廷料理レストラン『Asitane（アシタネ）』を何度か訪れ、拙著『おいしい中東　オリエントグルメ旅』にもレポートを掲載したが、今回、同店はコロナ禍と改装工事のため残念ながら休店中だった。デラリエは偶然にもそのアシタネのシェフだったNecati Yılmaz（ネジャーティ・ユルマズ）氏が独立し、スルタンアフメト地区に新たに開いたお店だった。

オスマン宮廷料理店「Deraliye」の一階サロン。広くてゴージャスな店内。

スルタンのような容姿のネジャーティシェフ

近年になって博物館からモスクへと再改装されたアヤソフィア・ジャーミーの前の公園でテレビクルーと待ち合わせ、トラム通りから一本裏道に入ったデラリエへと向かった。この辺りは外国人観光客向けの不味い飯屋ばかりなので、僕は長年近づいたことがなかった。デラリエはそんな裏通りにありながらも、広くて真新しいサロンとオスマン宮廷風のマルーン色のインテリアが眩しいお店だった。一階席には4人がけのテーブルが20台も並び、一番奥の正面にはまるでDJブースのようなアイランドキッチンが備え付けられている。テレビカメラに撮影されながらサロンに入ると、そのアイランドキッチンの後ろから、まるでスルタンのような容貌魁偉のネジャーティさんがニコニコしながら出迎えてくれた。

「メルハバ。今日はオスマン宮廷料理の代表的な料理をいくつか味わっていただきます。その後に、同じ料理を皆さんと一緒にここで作りましょう！」

おお、なんと嬉しい！　僕はこれまでトルコ料理のレッスンは何度も受けてきたが、オスマン宮廷料理のレッスンはさすがに初めてだ。テレビ取材には無駄や面倒が多いが、こうした良い面もあるんだなあ。

1に最良の食材、2にフルーツ、3はナッツ、4はスパイス

「オスマン宮廷料理の特徴は、1に最良の食材、2にフルーツ、3はナッツ、4はスパイスです」

なるほど。まず1に広い領土から持ち込まれた最良の食材がある。しかし、2がフルーツ、3がナッツとは、いかにも中央アジアの遊牧民を起源に持つオスマン帝国らしい。現在のトルコ料理ではデザートや朝食を除いて、フルーツの甘さやナッツの食感を活かした料理はあまり目立たない。三方を海に囲まれ、森林から草原まで揃う豊かな大地を持ち、四季が存在するアナトリア半島には、ありとあらゆる旬の食材が存在するためである。そして4つめの要素のスパイスというのも現在のトルコ料理とは異なる。

アイランドキッチンの上に置かれていたお盆にはスパイス、ハーブ、調味料が一式。通常のトルコ料理にはあまり用いられないクローブ、ナツメグなどが目立つ。中央の赤い塊は砂糖の一種。

僕の見立てでは現在のトルコ料理に不可欠な食材は、レモン、にんにく、パセリ、オリーブオイル、トマトペースト、ヨーグルト、バター、そして幾つかのハーブである。スパイスは赤唐辛子粉のプルビベールと黒胡椒、そして時たまクミンパウダー、シナモンパウダー、オールスパイスパウダーが用いられるくらいだ。

「オスマン宮廷料理におけるスパイスの用途は2つです。一つ目は味を美味しくするため、2つ目はスルタンの健康のためです」

なるほど。オスマン宮廷料理におけるスパイスは中国における漢方薬、インドにおけるアーユルヴェーダ料理のようなものなのか。しかも、当時はスパイスは高価で一般庶民には手の届くものではなく、スルタンの宮廷以外では使われることはなかったはずだ。クローブやシナモンは同じ重さの黄金ほどの価値があったそうだ。

オスマン宮廷料理の華麗な味わい

それでは、ネジャーティさんのオスマン宮廷料理を堪能しよう！

メゼの5種盛り合わせや乾燥茄子を戻したドルマ（ご飯詰め）とともに最初に運ばれてきたオスマン宮廷料理1皿目は「バデム・チョルバス」。16世紀に書かれたレシピを元にしたアーモンドのスープである。器はトルコ南東部の「食の都」ガジアンテップ名物の銀メッキされた銅食器。モスクの屋根のような飾りが付いた半円形の蓋を外すと、美しいクリーム色のスープにルビー色のザクロの実がいくつか浮かんでいる。温かいスープをスプーンですくって口に入れると、杏仁豆腐にも通じるアーモンドの味。アーモンドパウダーを贅沢にたっぷり使い、スパイスはナツメグの甘い香りも感じる。そして、スープの基本は発酵バターと小麦粉のルーを牛乳で伸ばしているようだ。アーモンドもバターもザクロもいかにも中央アジア的な食材だ。

二品目は「ヴィシュネリ・ヤプラク・サルマス」。こちらは時代が下って19世紀のレシピから、サワーチェリーで煮込んだ葡萄の葉のご飯詰め。これは第一章でもエーゲ海料理として取り上げた。東地中海の食材である葡萄の葉、レモン、オリーブオイルが用いられ、現在のトルコ料理とほぼ同じものになっている。ただし、サワーチェリーのジュースをたっぷり加えた赤紫の甘酸っぱいスープで煮込まれ、詰め物のお米まで赤紫に染まっている。エーゲ海地方ではサワーチェリー自体は使うものの、その甘いジュースまでは使わないし、イスタンブルではサワーチェリーは用いずに水で薄めたレモン汁を使う。塩っぱさと甘さの同居がオスマン宮廷料理には欠かせないものなのか？

お口直しにシナモンの「シェルビエット」。これは英語のシャーベットの語源の一つで、フルーツやスパイスを砂糖とともに煮出した甘い飲み物を指す。

メロンの肉詰め、カウン・ドルマス

そして、お待ちかねのメインにはこの店のシグニチャーディッシュ「カウン・ドルマス」が運ばれてきた。再び歴史をさかのぼり、16世紀の壮麗帝スレイマン一世に愛されたとされるメロンのドルマ。豪華なマスクメロン一個まるごとを器に使い、くり抜いたメロンの中にピーナッツやアーモンド、ピスタチオなどのナッツと乾燥カランツ（クロスグリ）、生のタイムとローズマリー、お米や発酵バター、そしてメロンの果肉とともに炒めた牛フィレ肉が詰め込まれている。僕は見るのも初めてだ。

まずオーブンで温められたメロンから有機溶剤にも似たフィトケミカルの甘い香りが漂い、口の中では赤唐辛子とハーブが効いた牛フィレ肉と甘いメロンの果肉、ナッツやドライフルーツなど個性が強い食材がせめぎあう。う〜ん、悶絶！　フルーツと肉、甘さと辛さ、トロトロとカリカリの組み合わせが素晴らしい。現代のトルコ料理とは随分異なり、フルーツの甘さと肉の組み合わせなので、モロッコのタジンや中央アジアのポロ（人参の甘みを活かした鶏の炊き込みご飯）などを思いだす。だが、タジンやポロよりも油が少ない分、ヘルシーな料理になっている。これは美味い！　美味すぎる！

16世紀のオスマン帝国では、スルタンはマルマラ海に面したトプカプ宮殿に暮らしていたが、心は遠く離れた故郷、中央アジアの草原にあったのかもしれない。スルタンの宮廷というと、ハーレムで日夜大宴会なんてイメージがあるが、実際には大宴会に参加していたのは帝国の官僚や諸外国の大使たちであり、スルタンは身近に潜む見えない敵から身を守るため、たった一人の部屋で孤食させられていたそうだ。巨大な領土を手に入れたものの、失ったものの代償は重かったのだ。それを知ると、スルタン付きの医師兼調理人たちが数世紀にわたって作り上げた豪奢なはずのオスマン宮廷料理が少し違ったものに見えてきた。

「さて、満足してもらえましたか？　それでは、今まで味わってもらった料理を一緒に作りましょう！　カウン・ドルマスの作り方を教えますよ」。この続きは３２０頁。

料理をたっぷりいただいた後に、今度はネジャーティシェフの料理教室がスタート！
カウン・ドルマスをはじめ、４種の料理を教えてもらった。

こちらが「カウン・ドルマス」。メロンの中に牛肉とナッツとドライフルーツがゴロゴロ。こんな派手な料理なかなかない！　器はガジアンテップ製の銅食器。蓋や縁にシェフオリジナルのデザインが彫られている。

カドゥキョイ
ストリートフード
食べ歩き

フェリーでアジア側の街カドゥキョイへ

2022年6月13日月曜。この日はテレビの撮影は中休み。しかし、ザ・ハーブズメンのイスタンブル食い倒れ出張に休みなんてない！　フェリーに乗ってアジア側にわたり、下町カドゥキョイにてストリートフード食べ歩きと行こう！

ガラタ塔近くの宿から急な坂道を下り、カラキョイの埠頭に出て、そこからヴァプルと呼ばれるフェリーに乗って20分、マルマラ海を横切ると、アジア大陸の西端の町カドゥキョイに到着。カドゥキョイでは魚屋から惣菜店、八百屋からチーズ屋までが並ぶ市場通りが、そのままメイ

『サルグン・ココレッチ』の店頭にて。ココレッチを注文すると、オヤジサンが両手で金属のヘラを持ち、タカタカとリズムを刻みながら小腸を細かく刻む。

ハネやバーが並ぶ夜の繁華街とつながってい て、その周辺には知る人ぞ知るストリートフードの銘店がいくつも点在している。食べ歩きには最高の環境だ。

まずはホルモン焼きとビールから

僕たちが最初に向かったのはカドゥキョイ広場に通じるヤサ大通り沿いにあるラムの小腸のスパイス炒め「ココレッチ」の店『Sargın Kokoreç（サルグン・ココレッチ）』。ココレッチは小腸の炒め物、要はホルモン炒めなので、そこそこ臭いし、脂がギトギト。それをクミンやオレガノ、赤唐辛子粉をたっぷり使って臭みと脂を打ち消している。朝から食べるものではないのだが、シャンカール・ノグチさんはオーストラリア政府公認のラム大使「ラムバサダー」なので、ラム肉を使った料理は片っ端から食べるのが使命でもあった。それにココレッチの店はビールを置いていて、朝から飲めるという利点もある。

基本的にロカンタやその他の庶民派食堂はアルコールを置いていない。ココレッチは内臓料理で、トルコでは内臓料理は飲兵衛のための料理とされる。夜中過ぎまで飲んだ後は、胃袋のスープ「イシュケンベ・チョルバス」で締めるのがトルコの不良オヤジたちのスタイルだ。イシュケンベ・チョルバスやココレッチなど内臓料理は、酒でただれた胃腸を治癒する効果があるとされる。そんなわけでココレッチの店には自然と飲兵衛が集まるため、アルコールを置いているのだそうだ。またココレッチの店にはムール貝のご飯詰め「ミディエ・ドルマス」とムール貝の串揚げ「ミディエ・タヴァ」も必ず置いている。ムール貝とビールの相性も最高だ。

二軒目は安ロカンタで胃袋のスープ

二軒目は通りの向かい斜め前にあるロカンタ『Ahmet Usta Islama Köftecisi（アフメット・ウスタ・イスラマ・キョフテスィ）』へ。ここは一人旅の時に何度も利用していた。庶民的なロカンタ料理が中心だが、冬にはカタクチイワシのピラフやフダンソウのシチューなど黒海料理が食べられる。僕は大好物のイシュケンベ・チョルバスを頼み、シャンカールさんはラムシャンクと野菜

チヤのオーナーのムサ・ダーデヴィレン氏と、トルコ南東部料理のサラダや前菜が並ぶチヤのサラダバー。2013年撮影。

の煮込み「クズ・ハシュラマ」、水野仁輔さんはお店の名前にもなっている肉団子のグリル「ウズガラ・キョフテ」を頼んだ。

三軒目はアナトリア風インテリアの珈琲店『Köşem Közde Kahve（キョシェム・キョズデ・カフヴェ）』にてターキッシュコーヒーで口休め。

南東部伝統料理リバイバルの人気店『チヤ・ソフラス』

そして四軒目に、本日のハイライトであるトルコ南東部伝統料理リバイバルの店『Çiya Sofrası（チヤ・ソフラス）』を訪れた。ここはシリア国境に近い乾燥地帯の田舎料理を、自前の農園で採れた食材を使って、伝統的な方法で作り、国際的にも評判となっている高級

チヤにて初めていただいたエンギナル・ドルマス。アーティチョーク丸ごとにお米とほうれん草とカランツやディルを詰めて煮たもの。珍しい野菜料理にキレドの栗田さんも大満足。

ロカンタ。オーナーシェフ、Musa Dağdeviren（ムサ・ダーデヴィレン）氏はNETFLIXの料理ドキュメンタリー番組『シェフのテーブル』にも出演している。僕は以前からここに通い詰め、ムサさんへのインタビューは拙著『イスタンブルで朝食を オリエントグルメ旅』に掲載している。

残念ながらムサさんはお店にいなかったが、5種類のメゼやサラダ、他の店では目にしたことのなかったアーティチョークのご飯詰め「エンギナル・ドルマス」や、まるごとのニンニクと肉団子の煮込み「サルムサックル・ケバブ」などを頼んだ。すると期待どおり、どの料理も野菜自体の味が濃い。トルコには肉料理が美味しい店は星の数ほどあるが、チヤは野菜料理、そして野菜自体が美味しいと思わせてくれる数少ない店だ。美味しい野菜を作ることで定評のあるキレド農園の栗田貴志さんも感心していた。

料理に舌鼓を打っていると、待ち合わせしていた料理研究家の友人Aylin Öney Tan（アイリン・オネイ・タン）さんが現れた。彼女はトルコ南東部のグルメの町、ガジアンテップ料理の本を英語で出版し、僕はその電子書籍版を持っていた。この日は午前中に外国人旅行者向けにイスタンブルのストリートフード食べ歩きツアーを行っていて、その終点がチャヤだったのだ。彼女なら、水野さんの旅のテーマである「トルコ料理で用いられるスパイスとハーブ、そしてミックススパイスについて」、僕では答えられなかったことにも答えられるはずだ。

料理研究家アイリンさんによるスパイスとハーブ解説

「トルコ料理に用いられるミックススパイスは、主にキョフテ用とドルマ用の2種類です。黒胡椒、クミン、シナモン、オールスパイス、クローブなどが使われています。エジプシャン・バザールのスパイス店に並んでいるその他のミックススパイスの大半は外国人観光客のニーズに合わせて近年、作られたものです」

～やはり！　それではトルコ料理を代表するスパイスはなんでしょうか？

「シナモンと黒胡椒です。この2つをバランス良く組み合わせるのです。シナモンはほんの少しです。オスマン帝国時代、シナモンはとても貴重なスパイスでした。なので、リッチな人々は料理にシナモンをパラパラとこれみよがしにふりかけたんです」

～シナモンと黒胡椒とは意外と西洋料理と変わらないですね。ではトルコ料理に使われるハーブは？　香菜は使わないですね？

「トルコ人は香菜は大嫌いです、使いません（笑）。代表的なハーブは生ではディルやパセリ、青ネギ、ドライではミントとケキッキです。ガジアンテップやアンカラではタラゴンを使います。その他にはスマック（ゆかりに似た酸っぱいハーブ）。スマックと似ているものにモル・レイハン（パープルバジル）もあります」

～ケキッキについて教えて下さい。ある店ではタイムと書かれていて、他の店ではオレガノと書かれていました。どちらなんでしょうか？　ザータルとの違いは？

「ケキッキは基本的にタイムのことを指しますが、オレガノの場合もあります。要するに曖昧なんです（笑）。ザータルはミックスと単体がありますが、ミックスのほうにはケキッキがブレンドされることがあります。単体のほうは「ワイルドタイム」と呼ばれますが、私の友人のイギリスの料理研究家が「サマー・セボリー」と同定しました」

トルコ料理にとって最も重要なハーブ、どの家の台所にも常備されているケキッキが、タイムともオレガノとも確定出来ないってどういうこと？　それは例えるなら、日本料理において白ネギと青ネギを区別出来ないようなものではないか？　なぜそんなことになったのか？　博識なアイリンさんのおかげで幾つもの疑問が解けたが、最後に一つ大きな疑問が残ってしまった。

伝統的な鶏の胸肉のミルクプディング「カザンディシ」を初挑戦。味は普通のミルクプディングと変わらなかった。

さてチャを出て、五軒目は老舗のお菓子屋『Confectioner Cafer Erol（コンフェクショネル・カフェル・エロル）』に入った。僕たちだけではお菓子屋に入ることはまずないが、アイリンさんのおすすめで、鶏の胸肉を牛乳と砂糖で煮てから焼き、甘いプリン状に仕上げたカザンディシをいただいた。鶏肉の甘いデザートというと不気味に思う方も多いだろうが、ゼリーに欠かせないゼラチンは豚や牛の骨が原料だし、先入観に縛られるのは良くない。カザンディシに関しては長い時間煮込んで肉の繊維を割いてあるので、普通のミルクプディングとなんら変わらず、言われなければ、鶏肉が使われているなんて気づかないままだった。

フェリーに乗ってベシクタシュへ

午後は再びヴァプルに乗り、サッカーチームで有名なヨーロッパ側の町ベシクタシュへと渡った。この町は小さな漁港と市場があり、またいくつもの大学のキャンパスがあるため、ストリートフードと飲み屋には困らない。近年は豪華な朝食を売りにするカフェが並ぶ「朝食カフェ通り」なんてのが大繁盛している。

六軒目はアイリンさんのおすすめ、ボスニア人が経営するキョフテ屋『Şöhretler Beşiktaş Köftecisi ショフレトレル・ベシクタシュ・キョフテジィ）』。白いタイル張りのお店の壁はベシクタシュの歴代サッカー選手の写真で覆われていた。ベシクタシュの試合の後はフーリガンたちがこの店に集うのだろう。イスタンブル子にとってのキョフテは、ちょっと例えが古いが、昭和生まれの日本人にとってのマルシンハンバーグのように思える。肉よりもツナギの成分が多いくらいだが、子供の頃に最初に大好きになった味。ボスニア系のこの店では、そんなノスタルジックなキョフテに豆板醤のような辛い赤唐辛子のソースをたっぷり添えていた。

七軒目は僕の古い友人ギュルシャンの店『Misket（ミスケット）』へ。ベシクタシュに来たら必ず立ち寄るワインバーだ。彼女の家族が経営するトラキア地方の自然派ワイナリーから直送された不透明などぶろく赤ワインは日持ちこそしないが、素朴で美味しいのでついつい飲みすぎてしまう。残念ながらギュルシャンは国内旅行中で不在だったが、若いウェイターが「ギュルシャンからです」とチーズ盛り合わせを差し入れてくれた。

夕暮れ時、ベシクタシュの飲み屋街が次第に混み始めてきた。今日もよく食べ、よく飲んだなあ、と思っていると、アイリンさんから新たな提案が出た。

「貴方たち、今夜はどこに行くの？　色んなストリートフードを食べたのだから、今夜は『Yeni Lokanta（イェニ・ロカンタ）』に行きなさい。ストリートフードをモダンに作り変えている店で、すごく人気なんです。世界中の美味しいワインもペアリングしてくれるし。シェフに直接電話して予約してあげるから！」

すると「ええ、ぜひ行きたいです！」とザ・ハーブズメンの3人。

朝から既に7軒ハシゴしてるのに、今から高級レストランに行きますかぁ!?　翌日以降も美味いもの巡りが控えているというのに!?　ハハハ、こんなツワモノたちと一緒に旅行出来て本当に楽しいよ〜！

ラム肉ケバブの王子
ジャー・ケバブ

トルコで食べ残したものは？

2022年6月17日　ザ・ハーブズメン四人が揃う食い倒れ出張もこの日が最後だ。この日に先立つ3日間は第一章に登場するアラチャトゥを再訪したため、本書では割愛するが、この本の発売記念として後述する僕の「note」に該当記事を投稿するのでそちらもお楽しみに。

さて、炭火焼きのドネル・ケバブから始まり、老舗のメイハネ料理、オスマン宮廷料理、ストリートフード、ファインダイニングなど、美味いものを食べ尽くしてきたザ・ハーブズメン一行だが、食べ残したものはないだろうか？

「カドゥキョイの市場通りにあった、いかにも美味そうな佇まいのロカンタ、あそこに行けませんかね？」とキレドの栗田貴志さん。

「やっぱり、ラム肉です！」とシャンカール・ノグチさん。

よし、二人の願いを一度に叶えよう！

カドゥキョイの老舗『ヤンヤルフェフミ・ロカンタ』

お昼前にタクシーを飛ばして、ボスポラス第一大橋を渡り、カドキョイへ。埠頭近くで車を降り、市場通りの入り口にある老舗の食堂『YanyaliFehmi Lokanta（ヤンヤルフェフミ・ロカンタ）』に入店した。ここはギリシャ東部の街ヤンヤにルーツを持つフェフミ・ソンメゼレル氏が1919年にカドゥキョイで、元オスマン帝国宮廷の調理人をスカウトして開いた老舗のロカンタだ。最盛期には市内3箇所にお店を開いていたが、現在はカドゥキョイの一店舗に戻し、フェフミ氏の3人の孫が引き継いでいる。

たいていのロカンタはお店の入り口にステンレスの枠で仕切られた保温器が置かれ、様々な料理が店の外からも覗けるようになっている。この店はその保温器がお店の奥行きに沿って横にズラッと並び、スープから野菜料理、肉料理、煮込み料理、更にお菓子や飲料まで含めると常に100種類近くものトルコ料理が用意され、朝から晩までノンストップで営業している。要は代表的なトルコ料理はなんでも揃っているのだ。

ここで、これまで食べそこねていたものを一気に頼んでしまおう。

まずは夏の冷たい野菜料理の定番「イマーム・バユルドゥ（坊さんの気絶）」。長茄子をオリーブオイルで揚げ焼きにして、実を縦に切り開き、炒めたトマトと玉ねぎを詰め、蒸し煮にして、冷蔵庫でシャキっと冷やしたもの。お酒に合うのでメイハネの定番料理となっているが、お酒を置いていないロカンタでも時々目にする。油を吸ってトロトロになった茄子の身に更にトマトや玉ねぎの甘酸っぱさが加わり、しかも夏にうれしい冷たい料理だ。

ロカンタの煮込み料理を満喫

ロカンタ料理の多くは煮込み料理だが、この店はさすがオスマン宮廷料理の流れを汲むだけあり、一つ一つ上品で丁寧に作られている。細かく切ったラム肉がホロホロになるまで水とラムの脂で蒸し煮にした「エト　カヴルマ」。味付けはケキッキと塩胡椒、後は肉自体の旨味のみ。これはトルコ版「時雨煮」とでも呼ぼうか。

「森のケバブ」を意味する「オルマン・ケバブ」は、ラム肉をじゃがいも、グリーンピース、人参とともに煮込んだもの。こちらはトルコ版「肉じゃが」だ。にんにくとケキッキがしっかりと効いている。

ロカンタの定番、美しいオルマン・ケバブ(森のケバブ)。野菜と肉の味にケキッキがしっかり効いている。

「貴婦人の太腿の肉団子」を意味する「カドゥンブドゥ・キョフテ」もロカンタの定番。キョフテ＝肉団子にお米を混ぜ込んであり、さらに卵と小麦粉の衣をまぶし、油で揚げてある。ボリュームたっぷりでジューシーな肉料理。日本料理で例えるならメンチカツだ。

僕も初めて目にしたのが「ジーエル・サルマ」。お米と牛ひき肉をハーブとともに炊き、薄切りのラムのレバーで包んでトマトソースで煮たもの。巻物のサルマや詰め物のドルマ用のかやくご飯には肉入りと肉なしの2種類があり、たいがい肉入りはトマトソースで煮て温かくして、肉なしはオリーブオイルで煮て冷たくして食べる。サルマもドルマも主に野菜料理だが、白身魚やレバーの薄切りで巻いたものもあるし、ムール貝にも詰める。メインの食材で自在に味が変わってくるのがサルマやドルマの楽しさだ。ジーエル・サルマは肉入りのかやくご飯にレバーの複雑な旨味が沁みて美味い！

そして、最後に羊の足首のスープ「パチャ」。同じ羊の胃袋のスープ「イシュケンベ・チョルバス」と似て、超ゼラチン質のスープ。にんにくを漬け込んだ酢と赤唐辛子粉をたっぷりふりかけてからいただく。好き嫌いあるが、僕にはたまらん味だ。

どうですか？　老舗ロカンタの底力は？

「ロカンタ料理も侮れない。美味いですねえ」と水野仁輔さん。

「大満足！　わざわざこの店に来て良かった」と栗田さん。

旅の最終日にしてイスタンブル子が日常的に食べているような煮込み料理までやっと辿り着くことが出来た。胃にやさしい煮込み料理とは言え、これだけ頼むとお腹はキツくなってきた。しかし、ここで終わらないのがザ・ハーブズメンだ。

「この後、とっておきのラム肉のケバブ屋があるんだけど、もちろん行きますよね？」という僕の言葉に「もちろん！」と三人。そうでなくちゃ！

ケバブの王子ジャー・ケバブ専門店『シェフザーデ』

次に向かうのは僕の隠し玉、シルケジ駅裏にある「ラム肉の水平回転ドネル・ケバブ」こと「ジャー・ケバブ」の専門店『Şehzade（シェフザーデ）』だ。

カドゥキョイ埠頭まで歩き、マルマラ海をヨーロッパ側旧市街のエミニョニュ埠頭までヴァプール（フェリー）に乗って渡り、そこからシルケジ駅まで10分ほど雑踏の中を歩くと、初日に行った炭火焼きドネル・ケバブ店「カサップ・オスマン」の手前にシェフザーデが見えてきた。通りにはラム肉を炭火で焼いた食欲を誘う香りが漂い、午後2時半をまわって昼飯時は過ぎているにも関わらず、お店の前には10人ほどの列が出来ていた。列の後ろに並び、順番を待っていると、お店の回転は意外と早く、10分ほどで僕たちのテーブルが空いた。

まわりのテーブルを見ると、着席した全員が同じ料理、ジャー・ケバブをそれぞれ一人前ずつ頼んでいた。長い金串に刺されたラムの肉片は遠目に見ても美味そうだ！　僕たちもそれぞれジャー・ケバブと飲み物、水やアイランを注文した。すると最初に自家製のヨーグルト、グリーンサラダ、スマック（日本のゆかりに似た酸っぱいハーブ調味料）をふりかけた玉ねぎスライスがさっと運ばれてきた。付け合せということか。そして、待つこと5分ほどでジャー・ケバブが目の前に！　と思ったら、大皿の上には大きな薄焼きのピタパン「ラワシュ」がかぶさっていて肉は見えない。そのラワッシュをお皿から外して初めて、ジャーン！　美しく焼かれたラム肉が長い2本の金串に刺さっている全貌が明らかになるのだ！

手塩にかけて焼かれるジャー・ケバブ

ジャー・ケバブはトルコ東部の街エルズルムが発祥の地とされる。「ジャー」とは元々はトルコ語ではなく、トルコの東にあるコーカサスの国、アルメニアやジョージア起源の言葉で「串」を指す。

胡椒や玉ねぎ、塩などでマリネしたラム肉の薄切りとラムの尾の脂肪を太い金串に刺し、重ねていき、普通のドネル・ケバブと同じように巨大な樽状の肉塊を成形する。しかし、垂直にセットするドネル・ケバブとは違い、専用の機械に水平方向に倒してセットする。次に横から炭火を当て、横回転させながら表面に焼き色を付ける。その次に焼けた面を手前側に回し、専用の棒で肉塊が回転しないように固定し、細長い金串を焼けた肉に横方向に刺していく。刺した部分の裏側を長いナイフで削ぎ落とし、肉が付いた金串はステンレストレーに重ねて避けておく。

そして、注文が入った段階で、肉が付いた金串を、メインの焼き場の隣の炭火焼きコンロ（日本の焼き鳥コンロを約1・5倍大きくしたもの）にのせて、丁寧に仕上げ焼きを加えてからお皿に盛り付けるのだ。まさに手塩にかけたケバブ！　その凛々しい姿は「ラムのケバブの王子」とでも呼びたい！　シンプルなマリネと炭火焼きが合わさった薄切りのラム肉の味は他のどのケバブとも異なるのだ。

これが「ケバブの王子」ことジャー・ケバブ！　シルケジ駅裏にあるジャー・ケバブ専門店「シェフザーデ」にて。

ジャー・ケバブ焼き場の全貌。左のウスタ（親方）が肉塊を焼き、削ぎ落とし、右のウスタが仕上げ焼きを担当。

「サラームさん、これは美味い！　美味すぎる！」と水野さん。

「もう日本のラムバサダー全員を連れてきたい！」とシャンカールさん。

「明日もう一度来たいくらい美味い！　でも明朝出発なので無理。残念です！」と栗田さん。

先程のロカンタ料理で既にお腹いっぱいのはずの我々だが、それでもジャー・ケバブは一気に食べ終えてしまった。うーん、美味かった！　本気で！　周りを見わたすと、肉を愛する者たちが集うお店はなんとも言えない熱気と多幸感に包まれて、じんわり虹色に輝いて見える。いや、ラムの脂が目に入って、目が曇っただけかも？

ザ・ハーブズメンの食い倒れ出張は終わらない！

こうしてザ・ハーブズメンのトルコ食い倒れ出張は7日間の日程を無事に終了した。

これまで世界中、料理の美味い国を巡ってきて、旅の仲間は無数にいたが、僕の貪欲すぎる食欲に付いてこられる友人は一人もいなかった。ましてや料理の裏側にある食文化まで理解しようとし、柔軟に吸収する友人なんて世界中探しても数えられるほどだろう。

ザ・ハーブズメンの三人、シ

ザ・ハーブズメン・フォーエヴァー！　注：サラームは写真に写ってません。

ヤンカール・ノグチさん、水野仁輔さん、栗田貴志さんは僕がこれまで出会った中で最高の食い倒れ出張仲間だ。この後もザ・ハーブズメンは他のメンバーも交えながら食い倒れ出張を続けていく。2023年2月には唐辛子のルーツを求めてペルーに出かけた。ペルーの旅の記録は僕のウェブサイトなどで発表していく。そして、この先もベトナム、タイ、マレーシア、イスラエル、メキシコ、アルゼンチン、インド亜大陸など、行き先は無限に存在する。読者の皆さん、引き続きサラームとザ・ハーブズメンに注目して欲しい。

材料：作りやすい量

マスクメロン
（直径16~18cmのもの）………1個
バター………大さじ2
牛フィレ肉………200g
玉ねぎ………1/2個
アーモンド………50g
ピスタチオの実………大さじ2
ピーナッツ………大さじ2
ドライカランツ………大さじ2
お米………大さじ2
塩　　小さじ1/2
胡椒：少々
プルビベール
（韓国の赤唐辛子粉で代用可）
………小さじ1
シナモンスティック………1本
フレッシュタイム………数本
フレッシュローズマリー………少々

作り方

❶マスクメロンは上1/5で水平に切り、大きなスプーンで種とワタを取り出し、ボウルに取っておく。切ったメロンは上半分をギザギザに切り、切った部分は皮をむき、実をとりわける。最初に切った蓋も捨てずにとっておく。

❷牛フィレ肉は1cm幅の細切り。玉ねぎはあらみじん切り。お米は洗って水分を軽く切っておく

❸フライパンにバターを熱し、玉ねぎ、アーモンド、ピスタチオ、ピーナッツ、ドライカランツ、お米、牛フィレ肉を加え、玉ねぎが透明になるまで炒める。

❹メロンの種とワタを足し、米に火が通るまで20分、水分がなくなったら水（分量外）を随時足しながら炒め煮にする。

❺お米に火が通ったら、切り分けておいたメロン、プルビベール、シナモンスティック、フレッシュタイム、フレッシュローズマリーを足し、よく絡めてから塩、胡椒で調味し、火を止める。

❻180℃に温めたオーブンに①のメロンの器を入れ、10分焼く。

❼メロンの器に⑤の具材を詰め、蓋をして完成。

カウン・ドルマス　メロンのドルマス

第7章

インドネシア／バリ島の地元料理

バリ島で一番食べたいもの、それはバビ・グリン！

インドネシア・バリ島へ

ポルトガルで出会った（260頁参照）インドネシア・バリ島在住の作曲家でプロデューサーのフランキ・ラデンさんに誘われ、2022年3月にバリ島を訪れた。その時は6日間、彼が主催したインドネシア伝統音楽の見本市「IMEX」の取材に追われてしまい、十分に料理を追いかける時間が取れなかった。そこで2022年の年末に再度バリ島を訪れ、一週間かけて美味しいものを堪能した。更にもう一回、不思議な縁が重なり、2023年の5月にも再訪することになった。こんなに短い間に3回もバリ島を訪れるとは我ながら驚いている。

IMEX のオープニングパーティーに登場した「竹の交響楽」ジェゴグの楽団「スアール・アグン」。大迫力！

バリ島は１９９０年代初頭から２０００年代にかけて何度も訪れていた。90年代後半に長期のバックパック旅行をした時は、ウブドに２ヶ月間滞在し、ガムランやケチャ、ジェゴグなど地域の伝統音楽や芸能を毎晩のように楽しんだ。

言葉の通じない外国人旅行者でも伝統文化にすぐにアクセス出来て、森や海などの美しい自然に囲まれ、出会う人々もにこやかで、物価も安く、しかも中東やヨーロッパと比べるとさほど遠くはないので、バリ島は日本人にとって理想的な旅行先だろう。今回14年ぶりに再訪してそうしたバリ島の魅力がコロナ禍を経ても全く失われていないことに気づいた。

インドネシア料理

ここでインドネシア料理、そしてバリ料理について少々うんちくを述べたい。

インドネシア料理はインドネシアの地理的、歴史的な背景に根ざしている。インドネシアは一万七千以上の島々からなる世界最大の群島国家。古代から東西をつなぐ海の交易路上だったため、料理は地元の食材を元にしながらも、インドからのスパイス、中国からの調理法、中東アラブからのイスラーム教の飲食規定、更にオランダやポルトガルからの食材と料理の影響を受けてきた。

その特徴はスパイスとハーブ、ナッツ、ペーストなどの強い香りと味にある。赤唐辛子、にんにく、生姜、ターメリック、クミン、コリアンダー、ガランガルなどのスパイスとハーブ、また魚醤や海老ペースト、ココナッツ（ミルクやフレーク）も特徴的な食材となる。そして主食は日本と同じくお米である。

代表的な料理として、日本でもおなじみのスパイシーな炒飯「ナシ・ゴレン」と焼きそば「ミー・ゴレン」。ピーナッツソースなどを付けて食べる焼き鳥または小さな串焼き料理「サテ」。世界美食ランキングで1位に輝いたこともある肉のココナッツミルクとスパイス煮の「ルンダン」。人参やインゲンなどの野菜を蒸してピーナッツソースで和えたサラダの「ガドガド」。そして、こうした代表的な料理をお皿に少しずつ盛り付け、真ん中に主食の白米をドーンと配した「全部の

日本でもおなじみのインドネシアを代表する料理、ナシ・チャンプル。一番手前はテンペ、一番奥はルンダン。

せご飯」は「ナシ・チャンプル」。このあたりは日本のインドネシア料理店やエスニック料理店でも人気のメニューとなっている。

またインドネシアは世界最大のイスラーム教徒人口を持つ国だけに、インドネシア料理と言えば、たいていはハラールフードである。要は宗教上の理由で豚肉は食べられない。

バリ料理

それに対してバリ島はヒンドゥー教徒が多く、豚肉を使った料理が目立つ。バリ・ヒンドゥー教はインドのヒンドゥー教とは異なる地域特有の宗教で、アニミズム、仏教、イスラーム教などの影響を受けて発展した。そのため地域の重要な食材である豚肉へのタブーはない。

バリ島を代表する調理法として、様々なスパイスとハーブをすりつぶし、混ぜ合わせた「ブンブ」と呼ばれる調味料を多用すること。料理としては、ブンブでマリネした豚一頭の丸焼き「バビ・グリン」。やはりブンブでマリネしたアヒルをバナナの葉で包み、ローストした「ベベック・ベトゥトゥ」。魚や海老、鶏肉のミンチをココナッツミルクとスパイスを混ぜてレモングラスの茎に巻いて焼いたつくねの「サテ・リリット」。ブンブでマリネした魚をバナナの葉で包み、蒸し焼きにした「ペペス・イカン」。野菜や挽き肉をココナッツフレークやブンブで和えた「ラワール」。更に海岸部では魚や海老、蟹、烏賊などのシーフードも他の食材同様にブンブでマリネして焼いたり、揚げたりして食される。そして、こうしたバリ島の料理の多くはバリ・ヒンドゥー教の特別な祭りや儀式と結びついている。

このように一般的なインドネシア料理とバリ料理は、豚肉がタブーか否かという点で大きく異なっている。なので日本でバリ料理を食べたければ、インドネシア料理店ではなく、数少ないバリ料理店を探すしかない。

バリ島で一番食べたいもの、それはバビ・グリン

様々なバリ料理のうち、僕がこの14年間の空白の期間にも一時も忘れたことがなかったのはバビ・グリンだった。「バビ」は「豚」、「グリン」は「グルグル回す」という意味で、まさに豚一頭

を串刺しにして回しながら焼くことからこの名が付けられた。

　丸ごとの豚をターメリック、コリアンダーシード、レモングラス、黒胡椒、にんにく、赤唐辛子、生姜、コブミカン、海老ペーストを混ぜたものでマリネし、薪または炭火で数時間かけて焼く。すると豚の皮はパリッと赤褐色に変わり、中は薄いピンク色で柔らかいままに仕上がる。以前はバリ・ヒンドゥー教の特別な日や祭りの日だけに食べられていたが、今では専門のレストランや屋台が出来、観光客でも手軽に食べられるようになった。

　バビ・グリンの専門店に行くと、赤褐色に焼かれた子豚一頭が店頭の目立つところに置かれている。しかし、お店でバビ・グリンを頼んでも、実際に目にするのはお皿に豚一頭そのまま乗ったものではなく、ちょうどナシ・チャンプルと同じような、お皿に白米とともに様々な豚のおかずを盛り付けたご飯ものである。

　お皿の真ん中に白米がちょこんと丸く盛られ、その周りにほぐした豚肉が少々、クリスピーに焼かれた豚皮が四角く切られて一枚、豚肉を詰めた白いソーセージと豚の血を詰めた黒いソーセージが数センチずつ、肉が付いたままの軟骨の唐揚げ数個または、揚げ煎餅のような小腸の素揚げがちょっぴり、青菜やインゲンのラワールが少々、そして、それらの上から赤唐辛子とにんにく、エシャロットなどをすりつぶした辛いソース「サンバル」がダラ〜っとかけられている。ここまでが普通のバビ・グリンである。「普通の」と書いたのは、「バビ・グリン・スペシャル」というメニューもあり、そちらはおかず類と白米を別々のお皿で供し、更に小さなお椀に豚出汁のスープが付いてくる。要は牛丼屋で言うところの「牛丼」と「牛皿」のような関係である。

ウブドの老舗『イブ・オカ』のバビ・グリン

2022年3月24日、バリ島・ウブドに到着した翌日の正午前、僕は忙しいIMEXのワークショップの合間を一人で抜け出して、ウブド王宮すぐ裏にある老舗のバビ・グリン専門店『Ibu Oka（イブ・オカ）』を訪れた。ここは僕が初めてバリ島を訪れた1991年には既に伝説の店として人気を集めていた。当時は民家と屋台が合体したようなオンボロなお店だったが、2000年頃に改装され、現在のような立派なお店となった。元祖「旅するシェフ兼料理作家」の故アンソニー・ボーディンがここのバビ・グリンを絶賛したことでも知られる。今回久々にバビ・グリンを食べるならここと決めていた。

お店に着くと正午前、しかもコロナ禍で外国人旅行者がほとんどいなかったため、お客は少なく、全く待たずに席に付けた。普通のバビ・グリンは65、000IDR（当時のレートで539円）。予想していたより値段が高いが、なんせ一番の観光地にあるのだ。まあ良しとしよう。サンバルがドバ～っとかかった薄いピンク色の豚肉を一口噛み切ると、肉汁がジュッと口の中で広がった。美味い！　続いてパリパリでツヤツヤの豚皮をパリンといただく。これも美味い。どうしたら豚の皮がこんなにクリスピーに焼けるのだろうか？　焼きながらコーラを回しかけ続けると

ウブドの北パヤンガンの市場の一角に建つバビ・グリンの屋台。午前中なので仔豚の全身が残ってる。

聞いたことがあるが、本当だろうか。表面のカラメル層はたしかに甘じょっぱい。サンバルには青唐辛子、赤唐辛子、エシャロットに加え、レモングラスとガランガル（生姜の一種）の味が感じられ、そこそこ辛いが、そんな時は白米やインゲンのラワールが逃げ場となる。血のソーセージもクリーミーで美味いし、軟骨の唐揚げもクリスピー。以前のように「早い、安い、美味い」と三拍子揃ってはいないが、「早い、美味い」が揃うので十分満足だ。

この時のウブド滞在6日間で、結局バビ・グリンは二回しか食べられなかったのが残念だった。すると、2022年の暮れ近くになりフランキさんからメッセージが届いた。「サラームさん、とっても美味しいバビ・グリン屋を見つけました！『Pande Egi（パン

パンデ・エギのバビ・グリン・スペシャル。豚の皮に体毛が残ってるけど無問題！

デ・エギ)』というお店で、場所はミドル・オブ・ノーウェアです！　今まで食べた中で一番美味いバビ・グリンです。次回は一緒に行きましょう！」

こんな魅力的な誘いがあれば、僕には旅の動機として十分だ。2022年の年末にバリ島再訪を決定した。

美味い、安い、でも遠い……『パンデ・エギ』

2022年12月28日、僕たちはフランキさんの奥様のサティヤさんが運転する車で、外国人観光客が戻り、同時に渋滞も戻ってきたウブドから南東へ向かった。ギャニャールの市街地を通り過ぎて、北上し、小さな渓谷を抜けると、田んぼの真ん中に目的地のパンデ・

エギが現れた。

「こんな田舎に誰が来るんだろ?」と思っていたが、眼の前の店構えは大きく立派で、奥の駐車場には数十台の車が停まり、駐車整理員まで働いていた。お昼時、しかも街からかなり外れているので、ピクニック気分で来るのだろうか、家族連れが多い。外国人は僕たちだけのようだ。

車を降りて、入り口を抜けると、農村地帯の辺りからは想像もできないほど、店内は新しく清潔で、奥に向かって大きく伸びていた。

入り口の右側に豚の丸焼きが置かれたガラスケースがあり、そこから奥に通路を進むと調理場、更に奥はドリンク専門のバーがあり、そこまで通路に沿って左側にテーブル席が並んでいる。ドリンク・バーの更に奥は広いサロンになっていて、左右両側が田んぼなので、爽やかな風が通っていた。バーの手前のテーブルに陣取ると、目の前に緑の田んぼ、ライスフィールドが広がっていた。これは最高の環境だ。

バビ・グリン屋というと、店内に肉の匂いがこもり、テーブルや床がベトベトしていたり、あまり衛生的でないという印象があったが、ここは日本のファミレスと何も変わらない。ポップなBGMが流れ、若いウェイターやウェイトレスが揃いのユニフォームを着て、にこやかに接客してくれる。

メニューを見ると、普通のバビ・グリンが27、000IDR（当時のレートで232円）、スペシャルも35、000（当時のレートで301円）。なんとウブドの半額だ!

「安いでしょう。これが本当のローカルプライスです。ウブドはなんでも高すぎるんです。さあ、なんでも好きなだけ頼んで下さい！」とフランキさん。

奮発してバビ・グリン　スペシャルに加えて、サテ（18、000IDR＝155円）、ダギン（マリネした牛肉の素揚げ18、000IDR＝155円）まで単品で注文した。

サテは豚肉を串に刺したものと、レモングラスの茎に巻き付けたつくね状のサテ・リリットの二種類が各3本ずつ。どちらもしっかりスパイシー。ダギンは揚げ過ぎで少々固いが、やはり味がしっかり沁みている。

そしてフランキさんおすすめのバビ・グリンは、皮はパリパリにクリスピー、豚肉はしっとりジューシー。更にスペシャルに付いてくるスープも豚肉の出汁が強く、ターメリックの苦味と混じった濃厚なものだった。豚肉→サンバル→白米→スープ→豚肉と無限のループをしたくなる〜！　これは美味い！　美味すぎる！

パンデ・エギのバビ・グリンは「美味い、安い、でも遠い……」だなあ。ウブドやクタなどの外国人が集まる観光地から自動車で一時間近くもかかるが、それだけにローカルな魅力が残っているのだ。その証拠に僕たちが食べている間もひっきりなしに地元客がつめかけ、食べ終わる頃には広いお店がほぼ

夢のバビ・グリン・テーブル！　故アンソニー・ボーディンが羨ましがって幽霊になって出てきそう！

満席になっていた。いやあ、フランキさん、お手柄です!!
「オイシカッタネエ！　私たちも最近、偶然通りかかってここを見つけたんです。でも、ここはさすがにウブドから遠いから、引き続きバビ・グリンのリサーチを続けて、随時サラームさんに報告しますね」

キンタマーニ高原のティラピア

キンタマーニ高原へドライブ

「サラームさん、キンタマーニ高原の魚料理は食べたことありますか？」

２０２２年12月28日水曜、インドネシア・バリ島で地元料理を堪能していた僕は、友人の音楽プロデューサー、フランキ・ラデンさんからこう聞かれた。高原で魚料理だって？

キンタマーニとはバリ島北東の内陸部に位置する高原と村の名前。標高が１５００m以上もあり、低緯度にもかかわらず一年を通じて気候が涼しい。またバリ・ヒンドゥーの信仰の対象であるアグン山やバトゥール山、そのカルデラ湖のバトゥール湖などに囲まれた美しい景観により、地元民にも外国人旅行者にも人気の観光名所となっている。

僕はこれまでバリ島料理を代表する魚介ＢＢＱ「イカン・バカール」は何度か食べていた。だが、それはあくまで海沿いのレストランで食べたのであり、さすがにキンタマーニ高原で魚料理を食べたことはなかった。

「キンタマーニには何度か行ったことがありますが、魚料理は食べたことはないですよ」

「それでは明日、キンタマーニに行きましょう！　バトゥール湖で採れた淡水魚の料理で有名なお店があるんです」

翌日の午前10時、ウブドの宿からフランキの奥様サティヤさんが運転する車に乗り、山間部へと北上した。外国人観光客とともに酷い交通渋滞も戻ってきたウブド中心地を抜け、渓谷沿いのライステラスの景観で有名なテガラランを横目に、更に北へと、のどかな坂道を登る。一時間かけて約30㎞北上して、キンタマーニの入り口に着いた。ウブドは晴れていたが、こちらは曇っている。と言うより、標高の高さを考えると、雲の中にいることになるのだろう。窓を開けると空気は冷たく湿っている。たったの一時間のドライブで季節が真夏から秋になったかのようだ。

新規に開通したばかりのペネロカン通りの通行料を払い、通りを進むと、そこは山の尾根沿いの道で、向かって右側に頂上を雲で覆われたバトゥール山やその麓のバトゥール湖が見渡せる。そして、道の左右には見るからに新しいレストランやおしゃれなカフェ、そして建築中の建物が続いている。ちょっとした観光バブル状態だ。

「いつのまにか通行料も取られるようになったし、こんなに沢山の建物が建っていてびっくりですよ…」とフランキさん。コロナ禍が終わるとともに再び世界中で問題となっているオーバーツーリズム、バリ島はその最前線だ。ただでさえ足りていない社会インフラに対して、容赦なく激増する観光客、インドネシア政府は今後どうやって対応していくのだろうか？

名物のサンバル・マタ・イカン・ニラとは？

ペネロカン通りを1㎞進むと、お目当てのお店『Warung Jowet（ワルン・ジョウェット）』に到着した。車を降りると雨が降り始めていた。ここは標高1700m、半袖半ズボンで来たのを後悔するほど肌寒い。お店は通りの右側の尾根沿いに建ち、晴れていれば広いテラス席の真正面にバトゥール山が見えるはずだが、空は霧や雲に覆われ真っ白になり、何も見えなかった。キッチンを覗かせてもらうと、若い女性ばかり十数名がお揃いのエプロン姿で働いていた。

「名物は「サンバル・マタ・イカン・ニラ」です。バトゥール湖の魚、イカン・ニラのフライにサンバルを合わせたものです」

テラス席で待つこと10分、運ばれてきたイカン・ニラとはなんとアフリカ原産の淡水魚、ティラピアだった。塩とライム汁でマリネしたティラピアを油で揚げた後に、ブンブ（様々なスパイスとハーブをすりつぶしたバリ独自の調味料）で炒めた野菜のサンバルをたっぷり絡めてある。こ

ワルン・ジョウェットの厨房。標高1700mでの調理には特別な技術が必要だろう。

れは2020年にコートジボワールで一週間以上も毎日食べ続け、それでも飽きなかった料理と見た目がそっくりではないか！

ナイフとフォークでカリカリの皮を切り分け、ホロホロの白身をすくって口に入れる。美味い！　美味すぎる！　標高が高く、沸点が低いため、水で煮るのではなく、油でじっくり揚げる調理方法が取られたのだろう。それが鯛に似たティラピアの旨味を閉じ込めるのに成功している。しかも玉ねぎとトマト、ターメリックと赤唐辛子の甘辛いサンバルが油っぽさを軽減してくれる。バリ島は海の魚だけでなく、淡水魚も美味いのか！　僕は一尾を一気に食べてしまい、それでも足りないくらいだ。

「フランキさん、美味しいです！　もう一皿追加注文しましょう。それにしても、これは

サンバル・マタ・イカン・ニラ。コートジボワールで毎日食べたティラピア料理にそっくり！　激美味で1尾も食べてしまった。

ブンブでマリネしてからカリカリに揚げたフライドチキン「アヤム・ゴレン」も人気。

ティラピアですね。アフリカの魚ですよ」
「ええ、英語ではティラピアですが、アフリカの魚なんですか？　私はずっとインドネシアの魚だと思っていましたよ」

またしてもティラピア！

アフリカ原産のティラピアがどのようにしてインドネシアまで運ばれ、地域の名物食材にまでなったのだろう？　スマホを使ってその場で調べると、インドネシアでのティラピアの養殖は1960年代に始まったことがわかった。生命力が強いティラピアはインドネシアの熱帯気候と地形にすぐに適応した。養殖は国内全体に急速に広まり、特に地方の農村部では貧困削減と生計向上の手段となった。バリ島では一年を通して水温が高い火山湖のバトゥール湖がその養殖の本拠地とされた。そして市場に新鮮で手頃な価格のティラピアが一年中供給され始めたことで、地元料理や食文化にも大きな変化が生まれた。ジャワ島では「イカン・ニラ・バカール（スパイスを塗ったティラピアの炭火焼き）」が創作され、バトゥール湖ではサンバル・マタ・イカン・ニラが生まれた。2019年の世界ティラピア養殖生産量の1位は中国、2位がインドネシア、3位がエジプトとのこと。

中緯度で四方を海に囲まれた島国の日本は、暖流と寒流の両方、また深さ2500mを超える

雲が遠ざかり、バトゥール山とバトゥール湖が少しずつ見えてきた！

深海も存在するため、世界でも類を見ないほど多種多用な水産物が採れる。そのためティラピアは第二次世界大戦後の食料危機の時期に「イズミダイ」という美味そうな名前で導入されたにもかかわらず、全く人気が出ずじまいだったという。しかも、今では先住種を駆逐する要注意外来生物に指定されてしまっているくらいなのだ。ティラピアには何も罪はないのに！　その一方で中国、台湾、タイ、ミャンマー、マレーシア、そして、ここインドネシアでも、ティラピアは原産地のアフリカと同じように高い地位を占めている。そのほか、僕が知る国ではインドやイスラエル、エジプトなど南アジアや中東地域でもティラピアは人気の食材だ。

気がつくと、雲が途切れ、合間からバトゥール山の姿が見えてきた。僕はいつの間にか

バリの様々なトロピカルフルーツ。こんなの毎日食べてたらさぞ健康になるはず〜！

二皿目のサンバル・マタ・イカン・ニラも一人で食べ尽くしていた、コートジボワールとインドネシアの知られざる繋がりを思ってニンマリとしながら。

淡水魚料理に続き、次回はバリ島の海水魚料理だ！

ジンバランの魚介BBQ

ジンバランの海鮮レストラン

「キンタマーニ高原の魚料理の次は、ジンバランで「イカン・バカール」を食べましょう！」

２０２３年年始のバリ島滞在中に、またしてもフランキさんから新たな味の旅に誘われた。

「もちろん行きましょう！　ジンバランのレストランにはバックパッカー時代に何度か行ったことがあって、またいつか行きたいと思っていたんです」

ジンバランはバリ南部、ングラ・ライ国際空港のすぐ南に位置するビーチ沿いの地区。元々はのどかな漁村だったが、１９９０年代初頭のバリ島の観光産業の発展とともに、ビーチ沿いに採

メネガ・カフェのもうもうと煙が上るバーベキューコンロ。炎の中に見えているボール状のものがココナッツの殻。

れたての海産物を使ったバーベキュー料理「イカン・バカール（焼き魚）」を出す掘立小屋レストランが並び始めた。その後、21世紀を迎える頃には国際資本の高級リゾートホテルが建つようになり、ジンバランはクタやレギャン、ヌサドゥア、サヌールに次ぐバリのビーチリゾートの拠点の一つとなった。

ジンバランのビーチ沿いのレストランでは砂浜の上にテーブルと椅子を並べ、目の前のバリ海峡とそこに沈む夕陽を眺めながら、または夜ならば星空の下で、波の音や地元の流しのミュージシャンの演奏をバックにイカン・バカールを楽しめる。僕は1990〜2000年代にも何度かこの地区を訪れ、イカン・バカールを堪能したことがあった。今回はフランキ&サティヤ夫妻に案内され、ジンバランで最も歴史が古くて人気の高い老舗店

『Menega Cafe（メネガ・カフェ）』を訪れた。

ココナッツの殻を炭燃料に

２０２３年1月2日月曜午後7時前、大型ショッピングセンターや高級ホテルなどが並ぶウルワトゥ通りからジンバランのビーチへ続く細い脇道を入り、公共駐車場に車を停めた。すると公共駐車場の脇にイカン・バカールのレストランが文字通り十数軒も並び、どの店も煙をもうもうと上げていた。閑散としている店も多いが、行列が出来ている店も幾つかある。その中で最もお客が集まっていたのがお目当てのメネガ・カフェだった。

入り口に出来た十数人の行列に並び、店内を見渡す。正面奥が広い室内ダイニングサロン、更にその奥が海に面した砂浜の野外席、左側にガラス製の魚介の生け簀が並び、その一部がキャッシャーになっている。そして一番左手前に建つタイル張りの小屋が炭火焼きのキッチンになっていた。キッチンは15畳ほどの広さで、中央には横３ｍ、奥行き１ｍ弱のバーベキューコンロが設置され、その中でハンドボールほどの大きさの半球型の物体がメラメラと炎を上げていた。

「ココナッツの殻を炭にして再活用しているんですよ。環境にもやさしいし、魚にココナッツのフレイバーが足されて美味しくなるんです」とソランキさん。

なるほど、ココナッツミルクやココナッツフレーク、ココナッツオイルなど、ココナッツはインドネシア料理に様々な形で用いられるが、ここでは中身を使い切ったココナッツの殻を集めて炭として再利用しているのだ。イカン・バカールは意外と今どきのＳＤＧＳ（持続可能な開発目標）的なのかも。ココナッツの殻は大抵の木よりも硬く、密度が高いから、燃料として優れているという面もあるだろう。

オレンジ色の炎が立つ、煤だらけのバーベキューコンロの前では、黒いエプロン姿の焼き係のアニキが立ち、背開きにした魚を挟んだ焼き網を横に並べて焼いていく。魚の脂が落ち、炎が高く上がると、アニキは蓋に小さな穴を開けたペットボトルから勢い良く水を飛ばして、炎を抑える。遠目に見ているだけでも、遠赤外線で熱くなる。これはかなりの重労働だ。ダイエットしたい人はイカン・バカールの店で働くと良いかもしれない。

メネガ・カフェでイカン・バカール三昧！

15分ほど並び、空いたテーブルに案内された。残念ながらこの日は海風が強く、砂浜の野外席は閉鎖され、室内席のみの営業だった。約30テーブルが並ぶサロンは十分に広く、天井も高いのだが、お客の熱気とキッチンから流れてくる煙で冷房が全然効かずに暑いくらいだ。

席を確保したら今度は魚の生簀に戻り、再び列に並び、食べたいものを選んで注文する。この日は既に売り切れてしまっていたのか、それとも季節によって異なるのか、魚介の種類が少なか

ウブド郊外のオーガニック食材市場に並ぶローカルな野菜。美しい！

った。氷が敷かれたケースの上にはフエダイとハタの2種類の魚と大小様々な大きさのブラックタイガー海老、更に大きなハマグリが並び、生け簀には黒豹のような模様の大きなハタやゴシキ海老（黒い伊勢海老）が蠢いていた。4人分として40㎝ほどのフエダイとハタを一尾ずつ、中くらいのブラックタイガー海老とハマグリを1kgずつ注文した。

席に戻って、オーストラリアのソーヴィニヨン・ブランで乾杯していると、15分ほどでフエダイとハタ、ブラックタイガー海老が運ばれてきた。魚はどちらも鱗を落として、背開きにされ、炭火焼きされた後に褐色のソースがたっぷり塗られている。表面は一部真っ黒に焦げているが、フォークを刺すと白身がホロホロと落ちる。なかなか悪くない焼き加減だ。フエダイを口に入れると、淡白な白身

４人分のイカン・バカール全容。味付けは全て同じなのに美味い！

に甘辛いソース、そしてココナッツの殻からの燻製臭も加わり、これは美味い！　続いてハタも一口。ソースは同じだが、フエダイよりも上品な味がする。そして背開きにして焼かれたブラックタイガー海老も魚と同じ褐色のソースがたっぷり塗られていた。一本が20㎝ほどの大きさがあり、海老味噌もたっぷり、身もプリプリだ。続いてハマグリも運ばれてきた。こちらも炭火焼きにして、殻が開いたところに褐色のソースをたっぷりかけてある。バリ島のハマグリは日本のハマグリよりも身が遥かに大きくて食べごたえあり。これも甘辛いソースが合うんだ。

「オイシイデショ？　イカン・バカールの店は幾つも並んでいますが、この店が人気なのは材料が新鮮なことと、この秘密のソースにあるんです。それに周りを見て下さい。お客

フランキさん、サティヤさん、いつも美味しい店に案内してくれて Terima Kasih!

さんは外国人観光客だけでなく、地元民も多いでしょう。値段も特別に高くはないし、バリ人やインドネシア人はこの店のソースが好きなんですよ」とフランキさん。

確かにソースはくせになる味だ。赤唐辛子、タマリンド、ココナッツ、にんにく、レモングラス、砂糖、醤油、その他何かが使われていて、甘くて、辛くて、酸っぱくて、塩っぱい、いかにもバリらしい味である。フランキさんのおかげで美味しい淡水魚料理に続いて、美味しい海水魚料理も満喫出来た。次回はどんな料理を案内してくれるだろうか？

「私もサラームさんと同じく、美味しいものがあればどこまでも出かける人間です。次はスラウェシ島の葬式祭りに行きませんか？水牛供犠を行い、特別な料理が出るんですよ！」

材料：作りやすい量

ビーツ………180g（中1個）
ハルーミチーズ
………120g（1/2パック）
国産レモン………1/2個
ベビーリーフ………大1パック
サニーレタスまたはグリーンリーフ
………1/4個
イタリアンパセリ………1/4パック
スペアミントの葉………1/4パック
バジルの葉………10枚
かぼちゃの種または松の実
………大さじ2
ひよこ豆水煮………1/2カップ
はちみつ………小さじ1
粒マスタード………小さじ1
ワインビネガー………小さじ1
塩………少々
胡椒………少々
EXVオリーブオイル………大さじ2

作り方

❶ビーツは200度のオーブンで、40~60分、スッと竹串が通るまで焼く。室温に冷ましてから、皮とヘタを取り、5㎜厚のいちょう切り。

❷ベビーリーフとサニーレタスは洗って、サラダスピナーで水を切り、食べやすい大きさにちぎっておく。国産レモン1/2個は縦半分に切り、一つは飾り用に取っておく。残り半分の皮をスライサーで削り、汁は搾って①のビーツに回しかけておく。

❸ハルーミチーズは8㎜幅に切り、グリルやフライパンに並べ、火にかけて、両面に焼き色が付くまで焼く。

❹はちみつ、粒マスタード、ワインビネガー、塩、EXVオリーブオイルを混ぜ合わせ、ドレッシングを作る。

❺お皿にベビーリーフとサニーレタスを敷き、食べやすい大きさにちぎったイタリアンパセリ、スペアミント、バジルの葉を散らす。その上にビーツ、ハルーミチーズを並べ、中央に飾り用のレモンを置く。全体にかぼちゃの種、ひよこ豆、スライサーで削ったレモンの皮を散らし、④のドレッシングを回しかけて完成。

ビーツとハルーミチーズのグリルサラダ

突然だが、本書『マージナル・フーディー・ツアー』はここで一旦終了する。しかし、僕の食と音楽を求める旅は今も続いている。本の続きはウェブサービス「note」上（https://note.com/salamunagami）で2023年12月現在までに「ポーランド・クラクフ編」と「ザ・ハーブズメンと行くペルー編」を掲載中。その後もユネスコ国際食文化都市トルコ・ガズィアンテプ編、マレーシア・パナン編、スペイン・ガリシア編、ドイツ・ベルリン編、ハンガリー編、韓国・ソウル編、バスク編が控えている。連載が好評ならば、2025年の暮れくらいには再び阿佐ヶ谷書院から『マージナル・フーディー・ツアー』の第二弾を出せるはずだ。

そして、僕は旅の仲間に関しても常にオープンだ。「あの国のあの街の名物を一緒に食べに行きましょう！」、「サラームさん、イスタンブルの美味い店に連れていって下さい！」という誘いはいつでも大歓迎。ぜひ一緒に美味いものを食べに行って、その喜びをもっともっと多くの友人や人々に広めたい。

コロナ禍はついに過ぎ去ったものの、極端な円安、世界的なインフレーシヨン、終わらないウクライナ紛争と新たな中東戦争、異常気象や洪水、大地震のような天変地異などなど、海外旅行を先延ばししたくなる理由には事欠かない２０２３年末。それでも世界には動かなければ一生知ることがないだろう美味いものが無数にあふれている。すると、今立ち止まるという選択肢は僕には無い。「マージナル・フーディー・ツアー」は僕、そして読者の皆さんの眼の前にも無限に広がっているのだ。

サラーム海上「note」 https://note.com/salamunagami

サラーム海上　SALAM UNAGAMI

DJ ／中東料理研究家
1967 年生まれ。群馬県高崎市出身。明治大学政経学部卒。NHK-FM「音楽遊覧飛行エキゾチッククルーズ」や J-WAVE「Oriental Music Show」（2017 年日本民間放送連盟賞ラジオエンターテインメント番組部門最優秀賞受賞）のナビゲーター。世界最大のワールドミュージックエキスポ「WOMEX 23」にて日本人初となる審査員「7 SAMURAI」を務めた。本作が 11 冊目の著作。
www.chez-salam.com

マージナル・フーディー・ツアー

2023年12月28日初版発行

著者　サラーム海上

発行者　島田真人

発行所　阿佐ヶ谷書院
〒166-0004　東京都杉並区阿佐谷南3-46-19-102
〒999-3245　山形県上山市川口字北裏150-1
info@asagayashoin.jp
http://www.asagayashoin.jp

装丁　小川恵子（瀬戸内デザイン）
組版　野村友美（mom design）
写真　サラーム海上
協力　斎野政智
編集　島田真人

印刷所　シナノ書籍印刷

ISBN 978-4-911197-00-4